KB122875

나와
내 밖의
세계

고은강 지음

나와
내 밖의
세계

동아시아 철학에서
의사소통에 관한 연구

사진

일러두기

이 책의 한자(漢字) 병기는 아래와 같이 적용했다.

1. 먼저 책명(冊名)을 비롯한 한자가 처음 나올 때에 한글로 독음을 적고 괄호로 묶어 표기하고 그 다음부터는 생략하는 것을 원칙으로 했다. 그러나 동음이의어가 연달아 나오거나 의미 구분이 명확하지 않을 때에는 처음처럼 사용한 곳도 있다.

2. 사(土), 경(敬), 예(禮), 덕(德), 의(義), 인(仁)과 같은 기본적인 한자와 반복되는 한문구(漢文句)는 한글로 먼저 표기하지 않았다. 그러나 흔히 사용되지 않는 한자의 경우 한글로 독음을 적고 괄호로 묶어 표기한 것도 있다.

1장

나와 내 밖의 세계

이 책의 제목에서 가리키는 나는 코기토다. 코기토는 외부로부터 주어진 개념들로 구성되지만 독립적이고 자족적 성격을 갖는다. 그러나 관찰을 통해서 새로운 개념이 추가되고 기존의 개념이 사라지며 일부 개념은 확장되거나 축소되며 코기토가 소멸할 때까지 변화한다.

이 책의 제목에서 가리키는 세계는 코기토가 인식하는 세계. 칸트가 말한 물자체(Ding an sich), 즉 인간의 인식으로부터 독립해서 존재하는 사물 그 자체로 이루어진 세계가 아니다.

이 책의 내용은 내 코기토가 인식하는 세계다. 인식은 관찰이다.

내가 생각하는 나

나와 내 밖의 세계. 절대적이라고 믿었던 많은 이분법의 경계가 허물어지는 지금, 부정할 수 없는 그리고 동시에 가장 중요한 이분법이다. 나와 세계의 경계는 나의 죽음이다. 나의 죽음으로 사라지는 부분은 나. 유기물로 남아서 자연으로 돌아가는 부분은 세계. 나의 죽음으로 나를 인식하는 나는 분명 사라질 것이다. 나를 인식하는 나를 코기토라 부른다.

나는 코기토다. 코기토는 데카르트의 유명한 말, "코기토 에르고 숨(Cogito, ergo sum)"으로부터 왔다. 라틴어 동사 코기토는 생각하다라는 뜻이다. 주어가 일인칭 단수, 즉 나인데 생략할 수 있다. 숨은 존재하다라는 뜻이다. 역시 주어는 나로, 문장에서 생략되었다. 에르고는 접속사인데 한국어에서 "고로", "그러므로"라고 번역한다. "나는 생각하기에 존재한다"라는 말은 나라는 존재의 근원이 생각이라는 뜻이다. **생각하는 나**이기에 생각이 사라지면 내 존재도 사라진다.

나는 무엇을 생각하는가? 이 책의 문제 제기는 여기서부터다. 나는 나를 생각한다. 이 책은 목적어인 나에 관한 책이다. 내가 생각하는 나.

복수의 나

코기토와 세계의 접점은 나의 행동이다. 여기서 나는 둘로 나뉜다. 하나는 코기토다. 다른 하나는 행동이다. 코기토와 행동은 연결되어 있다. 어떻게? 코기토와 행동의 연결을 설명하는 수많은 이론이 있다. 데카르트를 비롯한 많은 학자들이 실패했고 다른 학자들은 설명을 시도하고 있다. 철학을 비롯하여 뇌과학, 인지심리학 등 다양한 학문 분야에서 설명을 내놓는다. 그러나 결정적인 설명이 아직 없다. 이 책에서 "나는 코기토다"라고 한 이상, "나의 행동"이란 말은 성립하지 않는다. 아직 "코기토의 행동"을 증명할 수 없기 때문이다. "코기토와 행동이 어떻게 연결되는가?"에 대한 설득력 있는 설명이 아직 나오지 않았기도 하거니와 이 책 역시 그에 대한 한 가지 설명이라고도 할 수 있다. 데카르트 이래로 코기토와 행동의 연결에 대한 설명은 "코기토가 행동을 어떻게 촉발하는가?"라는 관점에서 시도되어왔다. 이 책은 "코기토가 행동을 어떻게 관찰하는가?"에 대한 설명이다. 코기토가 행동에 선행하는가? 아니다. 데카르트의 방법론적 회의를 따라가면 그렇지 않다. 코기토 이전에 **나에게 귀속되는 행동**이 있었다. 발생학적으로, 코기토 이전에 행동이 있었다.

2023년 영화배우 양자경(Michelle Yeoh)에게 제80회 골든글로브 주연상, 제95회 아카데미상 주연상을 안겨준 영화《Everything Everywhere All At Once》의 주제는 다중세계에서 살아가는 나이다. 다중세계에서 살아가는 복수의 나들을 유일무이한 나로 이어주는 것은 무엇인가? 복수의 양자경이 등장하니 언뜻 외모의 유사성인가 싶지만 영화의 엔딩을 장식하는 구르는 돌이 외적 동일성을 부정한다. 그렇다면 안이다. 인지적 동일성이다. 다중세계에서 살아가는 복수의 나는 하나의 코기토로 연결된다. 좀 더 정확하게 말하면 나라는 자의식으로 연결된다.

철학개론 강의에 빠짐없이 등장하는 코기토는 최근에 더욱 중요해졌다. AI 때문이다. 머지않아 인공지능이 자기인식을 획득하게 된다면 인공지능은 인간인가? 자기인식을 포함하여 인지가 복제되면 몸을 바꿔가며 영생도 가능하다. 몸을 연결하면 하나의 인지와 복수의 몸이 가능하다. 다른 시간을 살아가는 것도 가능하다. 영화 속의 양자경이다. 돌을 행동의 대리인(agent)으로 삼는 것도 가능하다.

　SF적 상상이 아닌 현실에 존재하는 복수의 나는 흔히 사회적 역할과 동일시된다. 유치원에서 부적응 학생인 나, 초등학교에서 학생회장인 나, 동호회에서 활동하는 나, 직장에서 과장으로 일하는 나, 부모님의 골칫덩이 자식인 나 등 사회적 역할에 따라 조금씩, 혹은 극단적으로 달라지는 내가 있다. 현실에서 복수의 나는 마치 영화 《Everything Everywhere All At Once》의 나처럼 서로 다른 시공간에 존재하지만 자의식을 공유한다. 영화와 현실의 차이점은 시간이다. 영화에서는 동일 시간에 다른 공간에 공간의 수만큼 분리된 코기토로 존재하지만 현실에서는 동일 시간에 통일된 하나의 코기토로 존재한다. 영화는 SF적 상상이기에 지금의 현실에서는 서로 다른 공간에 동시에 존재하는 분리된 코기토에 대해서는 알 수도 경험할 수도 없다.

　흔히 사회적 역할과 동일시되는 현실에 존재하는 복수의 나를 person이라 부른다. 이 책에서 person은 독립적이고 자족적인 인간으로서 유일무이한 나를 가리키는 개인(individual)의 상대어로 쓰이며, 다양한 사회적 역할에 따라 변화하는 나를 가리킨다. person을 사람이라 번역하기도 하는데, 언어학에서 인칭, 심리학에서 개성 등 다양한 맥락에서 사용하기 때문에 사람이라는 번역어는 지나치게 일반적이다. 이 책에서는 **인격**이라는 번역어를 사용한다. 주요 개념어가 번역어일 때, 가능하다면 한 명의 학자가 쓰는 개념어의 번역어는 통일하는 것이 좋다. 적어도 한 권의 책, 한 시리즈의 총서 안에서는 통일되어야 저자도 독자도 문맥과 논리를 이어갈 수 있다. 이 책에서 인격이라는 말은 person의 번역어로만 쓰인다.

일본인의 특징을 흔히 혼네(本音)와 다테마에(建前)의 분리라고 말하는데 혼네는 속마음, 다테마에는 겉모습이다. 세간에 떠도는 한국인과 일본인을 비교하는 말 중에 혼네를 드러내지 않는 일본인이라는 말이 있다. 일본인의 관점에서는 혼네를 드러내서는 안 되는 일본인이라고 할 수 있을 것이다. 소위 사회생활은 철저한 다테마에로 이루어져야 한다. 다테마에라는 말을 글자 그대로 보면 속마음이 뚫고 나가지 않도록 막아주는 벽이다. 사회적 역할에 따른 인격이 있어야 할 자리에 속마음이 들어와서는 안 된다. 속마음으로는 "네 잘못이야"라고 말해도 입으로 나오는 소리는 "죄송합니다"이어야만 한다. 일본인들의 대다수가 여전히 혼네와 다테마에의 분리가 소위 사회생활의 기본이라고 생각한다.

전 지구적으로 공동체성이 사라지고 개인화가 진행되는 가운데 일본 사회의 개인주의가 한국인들에게 재발견되고 있다. 오지랖이 유난스러운 한국인에 비해 일본인의 개인주의는 일본 직장 생활의 장점이라 말하는 한국인들의 동영상이 인터넷에 자주 보인다. 이를 보면 여전히 혼네와 다테마에의 분리는 엄격히 유지되고 있음을 알 수 있다. 혼네를 지키는 개인과 다테마에를 유지해야 하는 인격. 이 분리를 깨는 행동은 그야말로 민폐다. 사회학자 김홍중은 진정성이 사라진 자리를 스노비즘이 채운다고 말한다. 부와 지위 등을 부풀려

과시하는 속물근성을 가리키는 스노비즘은 속물근성이라는 번역어
가 보여주듯 부정적인 의미다. 나를 찾아 떠나는 여행을 강조하는 작
가들은 다테마에와 스노비즘을 버리고 혼네와 진정성으로 돌아가야
한다고 주장한다.

악셀 호네트(Axel Honneth)의 인정 개념에서 인격, 다테마에,
스노비즘으로부터 자유로운 원초적 나란 존재하지 않는다는 함
의를 엿볼 수 있다. 호네트는 그의 저서 『물화(*Verdinglichung: Eine
anerkennungstheoretische Studie*)』에서 "인정의 우선성"[1]을 주장한다. 인
정의 우선성이란 "공감하는 행동이 실재에 대한 중립적인 파악
에 대하여, 인정이 인식에 대하여 선행한다는 테제"[2]를 가리킨
다. "실존적 공감[3]이 우리의 모든 객관화하는 세계관계의 토대
를 이루고 있다"[4]는 믿음에 근거한다. 그는 "물화"란 "인정 망각
(Anerkennunsvergessenheit)"이라 말한다. 자신의 인식, 즉 코기토가 선
행하는 인정에 의존하고 있음을 망각하고, "자신이 모든 비인지적
전제들에 맞서 자족적이라고 망상"[5]하는 것이다. 물화는 "다른 사람
에 관한 우리의 지식과 인식에서, 그 둘이 선행하는 공감과 인정에
얼마나 빚지고 있는지에 대한 의식이 상실되는 과정"[6]이다. 그는 물
화라는 개념을 통해 인간이 자족적이라는 생각은 망상이라고 지적
한다. 물화 개념은 일상에서 자족적이라고 느끼는 망상부터 개인을
자족적 존재로 개념화하려는 시도까지 문제화한다.

개인으로서 독립적인 삶의 가능성을 실험한 헨리 데이비드 소로
(Henry David Thoreau)의 『월든(*Walden*)』은 국가로부터 간섭받지 않는

개인의 일상을 보여준다. 소로는 시장에서 교환으로 부를 축적하기 위해 자신의 노동을 스스로 착취하는 삶을 거부하는 자급자족의 삶을 추구한다. 의식주를 영위하는 데 필요한 최소한의 노동을 하고 남는 시간에 독서를 한다. 그러나 소로의 자족은 호네트가 말하는 물화의 과정이 아니다. 의식주에 필요한 재화와 노동을 시장을 통해 조달하지 않기 때문에 오히려 이웃의 도움이 절실하다. 농기구를 빌려주고 영농 지식을 가르쳐주는 이웃의 존재야말로 소로의 자급자족에 필수불가결하다. 국가와 시장으로부터 개인이 자유로울 때 인간이라는 존재가 다른 인간들의 공감과 인정에 빚지지 않으면 살아갈 수 없는 존재라는 사실이 여실히 드러난다.

『월든』보다 앞선 고전적인 실험은 로빈슨 크루소(Robinson Crusoe)다. 영국인 대니얼 디포(Daniel Defoe)가 1719년 출간한 『요크의 선원 로빈슨 크루소의 생애와 이상하고 놀라운 모험들』이라는 긴 제목의 책은 경제학 개론의 서두에 자주 소개된다. 로빈슨 크루소가 상징하는 호모 이코노미쿠스로서 개인은 스스로의 욕망 충족을 위해 계획하고 계산하는 이성을 가진 존재, 이성의 명령을 실행하는 능력을 가진 존재, 그리고 개인의 욕망을 충족함으로써 자기자신의 존재를 증명하고 행복해하는 존재다. 이런 로빈슨 크루소조차 프라이데이라는 다른 인간의 도움을 받아 생활의 편익을 누렸다.

디포와 소로가 보여준 독립적이고 자족적인 삶이 실질적으로 가능한 장소는 무인도도 아니고 한적한 호숫가도 아닌 21세기 대도시의 한복판이다. 문을 열고 나가지 않는 한 아무도 들어오지 않는 집.

인터넷을 통한 생필품의 구입과 배달 서비스, 그리고 인터넷 게임, OTT 영화 보기 등의 여가 생활. 무엇보다도 치안과 냉난방을 지원하는 도시 인프라. 독거를 넘어 자발적 고립이 가능한 대도시의 한복판에서는 죽음조차도 자족적이다. 도시 인프라 덕택에 하루 종일 아무도 만나지 않고 살아가는 삶이 사회적 고립이 아니라 자기충족적 삶이 되기 위한 필요조건은 경제적 자립이다. 고소득 전문직, 전업 투자자부터 다양한 종류의 프리랜서에 이르기까지 재택근무를 가능하게 하는 노동 덕에 도처에 월든이 구현되고 있다.

무인도의 로빈슨 크루소, 월든 호숫가의 소로에 이어 서울 한복판 오피스텔의 전업 투자자 역시 스스로 독립적이고 자족적이라고 생각할 수 있다. 그러나 호네트의 정의에 따르면 이는 그저 인정 망각에 불과하다. 로빈슨 크루소의 삶이 단지 생존이 아닌 생활이 되려면 프라이데이를 비롯한 다른 인간의 도움이 절실하다. 소로가 국가의 간섭을 피해 월든으로 가서 한 일은 새로운 생업 즉 농사를 짓는 일이었으며 그는 농사를 짓기 위해 이웃에 도움을 청하는 일을 즐거워했다. 소로는 과도한 공권력의 개입이 싫었을 뿐 고립을 자처한 것이 아니다. 폭우로 단전된 한여름의 오피스텔에서 과연 몇 시간이나 독립적이고 자족적인 삶이 가능할까?

호네트의 말대로 인간 개개인이 갖는 지식과 인식은 그것에 선행하는 사회적 공감과 인정을 바탕으로 구성된다. 그러나 지식과 인식의 내용이 그러할 뿐 지식과 인식 그 자체, 즉 코기토는 그에 선행하는 사회적 공감과 인정 없이 존재한다. 인간의 인지와 관련된 연구

목록을 나열할 필요는 없다. 인정의 우선성이란 독립적이고 자족적인 코기토를 부정하는 테제가 아니다. 한편으로 이 책에서는 호네트가 물화 개념을 통해 비판하는 사회적 삶의 상실, 한계를 모르는 개인화를 바라보면서 다른 한편 스스로 독립적이고 자족적이라 생각할 수 있는 개인의 행복에 주목한다. 스스로 독립적이고 자족적이라는 망상은 자유의 느낌이다. 이 책은 그 느낌을 보편화하려는 시도에 관한 책이다. 나라는 특정한 개인이 아니라 모두 이 느낌을 누릴 수 있다는 주장을 담은 책들에 관한 책이다.

요즘 부캐에 열광하고 부캐를 갖는 일이 유행처럼 번진다. 하나 이상의 직업을 갖는 일도 빈번하다. 과거로부터 현재에 이르기까지 인간이 사회에서 산다는 것은 복수의 나로 살아간다는 의미다. 인간을 독립적인 개인(individual)으로 정의하든 사회적 역할(person)로 정의하든 인간의 역사에서 이 둘은 공존해왔다. 인간이 인간으로 산다는 것은 개인으로서 독립성과 의지를 갖는 한편 사회적 역할을 부여받는다는 의미다. 프리모 레비(Primo Levi)는 『이것이 인간인가(Se Questo è un Uomo)』에서 개인의 독립성이 말살되는 강제수용소에서조차 개인으로 살고자 몸부림치는 인간을 보여준다. 사회적 역할로서 인간은 사회가 분화될수록 다양해진다. 단순 사회에서도 인간은 하나 이상의 사회적 역할을 부여받고 이 역할은 생의 주기를 거치며 변화한다. 근대 이후 현대에 이르러 개인으로서의 인간이 중요해졌다. 인간성이 개인의 권리로 치환되고 개인화가 진행될수록 사회적 역할과 그에 따르는 책임이 간과된다. 호네트는 이 점을 우려한다.

individual로서의 인간과 person으로서의 인간은 인간 존재의 두 측면일 뿐이다.

코기토

나와 내 밖의 세계는 코기토와 그 밖의 존재다. 데카르트가 쓴 라틴어 문장 "코기토 에르고 숨"은 일인칭 주어가 생략된 문장이다. 통상 코기토라는 말은 코기토의 주어를 가리키는데 그 주어를 일인칭 나라고 하면 문제가 생긴다. 나는 독립적이고 자유로운 개인으로서 나일 수도 있고 사회적 역할을 수행하는 대리인일 수도 있고 신의 피조물일 수도 있다. 특히 나를 정신과 육체로 나누고 나에 속하는 육체까지 나라고 하면 나와 세계의 경계는 모호해진다. 육체의 생명력을 나의 외부 수단에 의존하여 유지하거나 육체의 일부 또는 전부를 교체할 때 어디까지가 내가 나로 존재하는 경계인가? 지난 세기까지는 이러한 논의가 공상 과학 또는 인지 철학의 영역이었다면 금세기에는 의료윤리의 영역으로 점점 이동하고 있다. 정신과 육체의 이분법이 아니라 정신이 육체의 결과물이라는 물질주의(physicalism)를 채택하면 나는 나의 육체일 뿐이다. 이렇게 되면 나와 내 밖의 세계는 분리될 수 없다. 그러나 나를 코기토의 주어라 하고 주어에 해당하는 그것을 코기토라 부른다면 문제는 해결된다. 나라는 말이 가리키는 복수의 그것과 그것 밖의 세계를 구분하기는 어렵지만 코기토의 주어와 그것 이외의 세계를 구분하기는 쉽다. 코기토는 개인으로서 인간을 가능하게 하는 전제조건이다. 코기토와 그 밖의 세계. 이 구분은 데카르트의 고전적 방법으로 가능하다.

　세계가 의지와 표상으로 이루어졌다고 말한 쇼펜하우어(Arthur Schopenhauer)에 따르면, 세계의 표상은 코기토의 수만큼 존재한다. 코기토 이외의 표상, 즉 자신의 신체를 포함하여 모든 표상은 환상이며 따라서 무가치하다고 규정하는 태도를 쇼펜하우어는 "이론적 이기주의"라고 부른다.[7] 그는 데카르트의 방법론적 회의가 아닌 "진지한 확신으로서의 이론적 이기주의는 정신병원에서나 발견할 수 있으리라"라고 강하게 비난하면서, "자신의 개체 이외의 모든 현상을 환영으로 간주"하는 이 태도가 "자기 개인만을 현실적으로 그런 하나의 개인으로 보지만 다른 모든 개인은 단순한 환영으로 보고 그렇게 취급한다"는 점에서 실천적 이기주의와 같은 역할을 한다고 말한다.

언어의 기능: 의사소통

말과 사물

인간 커뮤니케이션 즉 의사소통에서 언어의 역할은 절대적이다. 커뮤니케이션은 상호성에 기반을 둔다. 쌍방이 아니라 한 방향으로 진행되는 커뮤니케이션일지라도 상대가 존재하고 상대의 역할이 있다. 개인은 그리고 인간이라는 종은 언어를 통해서 세계와 관계를 맺고 확장하며 심화한다.

물론 언어 없이도 세계와 관계 맺기는 가능하지만 개개인이 다른 사람과 맺는 관계뿐만 아니라 사물과 맺는 관계도 언어를 통해 넓어지고 깊어진다. 사물에 이름을 붙이면 그 사물과의 관계가 깊어지는 것은 물론 그 사물을 통해 새로운 세상이 열린다. 사서삼경 중 하나인『시경(詩經)』에는 새, 들짐승, 풀, 나무 등 다양한 조수초목(鳥獸草木)의 이름과 문물전장제도(文物典章制度)에 필요한 휘장, 그릇 등의 이름이 등장한다. 그 이름들이 상징하는 의미를 해석하는 작업이 시경 해석에서 중요하다. 그 이름이 가리키는 사물의 생김새, 동식물의 습성 등을 알아야 시의 의미를 이해할 수 있다.『시경』에 나오는 이름들이 가리키는 사물을 그림으로 그려서 도감을 만든 이유다. 사서삼경은 유학의 경전이다. 동아시아 사회의 개개인이 다른 사람, 사물과 맺는 관계의 질서에 유학이 끼친 영향은 지대하다.

언어를 통한 세계와의 관계 맺기가 구체적으로 무엇인지 보여주는 책을 단 한 권 꼽으라면 미셸 푸코(Michel Foucault)의『말과 사물(Les mots et les choses)』이다. 이 책의 영어판 제목은 "사물의 질서(The Order of Things)"다. 제목이 시사하듯, 사물에 이름을 붙임으로써 사물을 분류하고 인간 중심으로 세계를 인간화한 궤적을 보여준다.『말과 사물』의 한 장에서 푸코는 라틴어 동사 코기토가 아닌 프랑스어 명사 코기토를 제목으로 썼다.「코기토와 사유되지 않은 것」이라는 장에서 푸코는 데카르트의 코기토, 칸트의 물자체와 다른 인간 존재에 대한 인식이 필요하며 이를 "사유되지 않는 것"에 대한 반성이라고 썼다.

코기토는 존재의 단언으로 이르는 것이 아니라, 존재와 관련된 다음과 같은 일련의 물음으로 이른다. 내가 나에 의해 사유되지 않는 것이려면, 나의 사유가 나 아닌 것이려면, 사유하는 나, 나의 사유인 나는 무엇이어야 할까? 코기토의 열린 틈에서 반짝이고 깜빡거릴 뿐, 코기토 속에서 코기토에 의해 결정적으로 제시되지 않는 이 존재는 도대체 무엇일까? 존재와 사유 사이의 관계 및 힘겨운 상호 귀속은 도대체 무엇일까? [...] 데카르트 철학과 칸트의 분석으로부터 아주 멀리 떨어진 반성의 형태, 즉 사유가 사유되지 않은 것을 겨냥하고 사유되지 않은 것과 맞물리는 이 차원에서 인간의 존재를 역사상 처음으로 끌어들이는 반성의 형태가 확립된다.[8]

자크 라캉(Jaques Lacan)과 루이 알튀세르(Louis Althusser)를 떠올리게 하는 이 인용에서 반성으로 대표되는 포스트모더니즘의 인간학을 다시 생각한다. 사유에서 오류나 환각을 몰아내면 사유는 곧 존재가 된다고 믿은 데카르트, 물자체로서 존재는 인식할 수 없다고 사유의 한계를 고백한 칸트, 사유를 자기의식적 사유와 사유되지 않은 것으로 나누고 이 둘의 거리에 중요성을 부여하는 푸코 모두 코기토 밖의 세계를 온전히 인식하고자 하는 코기토의 열망을 긍정한다. 코기토 밖의 세계를 "객관적"으로 인식하든 "윤리적 정치적"으로 인식하든 코기토는 언제나 코기토 밖의 세계를 "가장 일반적인 형태"[9]로 인식하고 설명하는 언어를 찾아 헤맨다.

행동의 관찰

필자는 2013년 『결코 근대인이었던 적이 없는 동아시아인』에서 동아시아 고대철학의 윤리체계를 도-덕으로 설명하였다. 공자가 『논어(論語)』에서 行을 강조한 이래, 仁, 禮, 學 등을 비롯한 유교의 모든 가치는 行으로 수렴한다. 행동하지 않는다면 仁, 禮, 學 등의 가치는 아무 소용이 없다. 이는 유교뿐만이 아니다. 필자는 동아시아 철학의 뿌리라 할 수 있는 고대 중국철학, 즉 선진철학(先秦哲學)을 "어떻게 행동할 것인가"라는 공통된 질문에 대한 서로 다른 답들이라고 보고 이를 도-덕으로 정리하였다. 선진철학에서 "삶이란 도를 통해서 덕을 쌓는 과정이다". 윤리란 이 과정을 통해서 자신의 사람됨을 구성하는 것이다. 특정 행동은 덕과 도로 설명할 수 있다. 도는 방법이고 덕은 역량이다. 예컨대 20킬로그램의 쌀을 들어 올리는 행동에서 덕은 근육의 힘, 신체의 구조, 행동을 조작하는 뇌의 기능, 집중력 등의 역량이며, 도는 무릎을 굽혔다 펴며 들어 올릴 것인지, 허리의 힘으로 한 번에 들어 올릴 것인지 등의 방법이다. 덕은 행동으로 발현될 때 비로소 인지된다. 개인의 덕은 그 행동을 통해서 알 수 있다. 20킬로그램의 쌀을 들어 올리면 비로소 그러한 덕이 있다고 알게 되는 것이다. 특정 도는 반복을 통해 숙달된다. "도가 트인다"는 것은 반복 훈련을 통해 성공률이 매우 높아져서 행동의 실패가 거의 없다는 뜻이다. 특정 도를 반복하면 이에 동원되는 덕 역시 쌓인다. 스키 초보자가 웨데른으로 좁은 슬로프를 내려올 수 없는 이유는 도가 닦이지 않은 탓도 있지만 그 방법에 필요한 역량, 즉 덕이 쌓이지 않은 탓도 있다. 배우고 익히는 과정이 필요하다. 이렇게 쌓인 덕이 사람됨이다. 따라서 윤리는 덕을 목적으로 도에 초점을 맞춘다. 타고난 덕을 비롯하여 덕이란 쌓였다가도 없어지고 변해간다. 행동을 통해 드러나는 덕을 도를 통해서 구성할 수 있다고 본 선진철학의 여러 사상적 갈래들은 서로 다른 도를 전면에 내세웠다. 行이란 결국 道를 행하는 것이다. 德을 쌓기 위해서. 덕이 쌓이면 쌓인 만큼 행동을 할 수 있다. 도가 닦이면 행동에 실패가 적다. 덕이 쌓이고 도가 닦이면 훌륭한 행동을 성공적으로 할 수 있다. 소위 聖人은 훌륭한 행동을 항상 성공적으로 해내는 사람이다. 성인의 행동을 보면 그의 덕과 그의 도를 알 수 있다. 성인을 닮기 위해 노력하는 君子는 그의 도를 "배우고 익힌다(學)". 그의 도를 따라 하다 보면 언젠가 그의 덕과 비슷한 덕을 갖출 수 있을 것이라 기대하면서.

도-덕은 관찰된다. 자신의 코기토에 의해서. 그리고 다른 코기토들과 다른 체계들에 의해서. 코기토를 주어로 다시 쓰면, 코기토는 의미를 사용하여 도-덕을 관찰한다. 의미는 코기토의 관찰을 통해서 생산된다. 이렇게 생산된 의미들은 여러 코기토에 의해 관찰되면서 변하는데, 그 의미의 변화를 관찰하는 것이 의미론이다. 고로, 의미론이라는 관찰은 도-덕, 즉 윤리의 관찰이기도 하다.

행동은 덕과 도의 산물이다. 어떤 행동은 이미 존재하는 자질인 덕과 특정 방법, 즉 도가 결합되어 나타난다. 태어날 때 주어진 덕은 행동함으로써 함양된다. 도 역시 행동을 통해 닦인다. (더) 나은 덕, 더 나은 도를 가지고 있으면 더 나은 행동을 할 수 있다. 사람됨은 도-덕을 통한 행동에 달려 있다. 덕을 함양하고 도를 닦아 더 나은 행동을 하는 것. 이것이 수양이다.

코기토는 도-덕의 산물인 행동을 본다. 필자는 "코기토는 도-덕을 관찰한다"고 다시 쓴다. 도-덕은 행동을 통해 드러난다. 알다시피, 행동에는 다양한 요소들이 관여한다. 팔다리의 길이, 혈당, 호르몬 분비 등의 몸 상태, 불안감, 안정감 등의 심리 상태, 주위 사람들, 그리고 "주체의 의지" 등이다. 흔히, 주체의 의지를 행동의 주원인으로 간주하기도 한다. 물을 마시는 행동은 물을 마셔야지라고 생각하고 물병이 들어 있을 것이라 기대되는 냉장고 쪽으로 발걸음을 옮기는 주체의 의지에 의해 촉발되었다는 관점이다. 그러나 한 번 더 생각해보면, 주체의 의지는 행동에 관여하기는 하지만 행동의 주원인으로 지목되기에는 부족하다. 물을 마시는 행동이 일어난 주원인은 탈수 때문일 수도 있고, 식후에 물을 마시는 습관 때문일 수도 있다. 거창하게 주체의 의지까지는 아니어도 믿음과 욕망(belief-desire)이 행동의 이면에 있다는 관점은 행동에 대한 설명으로 널리 통용된다. 물을 마시고 싶다는 욕망과 더불어 물을 마시면 갈증이 해소될 것이라는 믿음, 지금 마시려는 것이 물이라는 믿음. 행동에 관여하는 다양한 요소들, 다양한 설명들이 있는데, 도-덕이 그중 하나다.

요약하면 다음과 같다. 코기토는 무엇을 하는가? 코기토는 행동을 본다. 도를 닦고 덕을 쌓는 반복의 과정을 본다. 주체의 의지를 품고 그 과정을 본다. 코기토는 나에게 귀속되는 행동을 주체의 의지로 해석한다. 코기토는 나에게 귀속되는 행동이 주체의 의지와 어떻게 관련되는지, 혹은 관련이 없는지에 대해 말한다. 코기토의 기능이다. 이 기능이 나라는 심리적 체계를 구성한다.

의미

의지가 아닌 행동 중심의 설명인 도-덕에서도 주체의 의지는 중요하다. 코기토가 주체의 의지를 통해 도-덕을 관찰하기 때문이다. 주체의 의지는 코기토가 도-덕을 관찰할 때 사용하는 **의미**다. 동시에, 의미로서 주체의 의지는 코기토가 도-덕을 관찰할 때 구성된다. 코기토는 주체의 의지를 일관되게 염두에 두고 도-덕을 관찰한다. 도-덕을 관찰하는 과정에서 주체의 의지는 확인되고 구성된다. 도와 덕은 관찰의 요소로, 의미에 해당하는 주체의 의지와 마찬가지로 관찰을 통해 구성된다.

의미에 관해 니클라스 루만(Niklas Luhmann)은 다음과 같이 말했다.

의미는 심리적 체계, 즉 의미를 통해 체험하는 의식체계와 사회적 체계,

즉 커뮤니케이션 속에서 의미가 사용됨으로써 의미를 재생산하는 커뮤니케이션 체계 모두에 적용되어야 한다.[10]

심리적 체계인 코기토는 의미를 통해 체험한다. 코기토의 작동은 의미 즉 언어에 의존한다. "술이 술맛이지 뭐" 하며 늘 마시던 적포도주를 어느 날 "송로버섯향이 나는 묵직한 바디"의 의미를 통해 체험하는 사건은 동시에 "송로버섯향이 나는 묵직한 바디"의 의미를 구성하는 과정의 시작이기도 하다. 나이를 먹고 미각과 취향이 변화해감에 따라 "송로버섯향이 나는 묵직한 바디"의 의미를 통한 체험도 변화한다. 사회적 체계, 즉 "의미가 사용됨으로써 의미를 재생산하는" 와인 테이스팅 체계에서도 마찬가지다. 와인 테이스팅 체계에서 "술이 술맛이지 뭐"의 의미를 사용하여 "술이 술맛이지 뭐"의 의미를 재생산하는 작동과 "송로버섯향이 나는 묵직한 바디"의 의미를 사용하여 "송로버섯향이 나는 묵직한 바디"의 의미를 재생산하는 작동이 공존할 수 있다. 전자와 후자는 작동상 폐쇄적이다. 그 말을 하는 사람들은 서로를 견제하고 경쟁할 수 있지만 그 때문에 의미가 달라지지는 않는다. "술이 술맛이지 뭐"의 의미가 "송로버섯향이 나는 묵직한 바디"의 의미로 바뀌지는 않는다. 그러나 와인 테이스팅 체계에서 전자는 후자에 비해 커뮤니케이션의 연속성을 갖기 어렵기 때문에 사라질 수 있다. "술이 술맛이지 뭐"의 의미를 사용하고 재생산할 후속 커뮤니케이션이 와인 테이스팅 체계에서는 일어나기 어렵다. 와인 테이스팅 모임에서 "술이 술맛이지 뭐"를 반복한다면 모두 못 들은 체하며 "송로버섯향이 나는데요?"라는 말에 응수할 것이다. 한편, "술이 술맛이지 뭐"는 "우리는 까다롭지 않은 소탈한 사람들의 모임이야", "우리는 모임을 좋아하는 사람들이지 술꾼이 아니야" 등의 의미를 재생산하며 "한국사회 직장회식 체계"를 구성하고 있을 수도 있다.

정체성

데카르트에 따르면, 나는 코기토다. 내 행동이라 부르는 행동은 나에게 귀속되는 행동이다. 내가 의도한 행동이 아니라, "주체의 의지"에 의해 촉발되는 행동이 아니라, 행동의 결과가 나에게 귀속되는 행동이다. 나는 코기토인데, 코기토는 나에게 귀속되는 행동의 결과를 본다. 내 행동의 결과를 보고 그 행동의 결과를 통해 나에 대해 생각한다. 그 행동의 결과들을 의미를 통해 이해하고 해석한다. 특히, 그 행동의 결과들을 주체의 의지라는 의미를 통해 이해하고 그 이해에 연속성과 일관성을 부여하면 내 정체성이 구성된다.

코기토는 행동을 통해서 세상과 만난다. 마비로, 할 수 있는 행동이라고는 왼쪽 눈을 깜빡이는 행동뿐인데, 이 행동을 알파벳 신호로 바꿔 소설을 집필한 사람에 관한 이야기인 『잠수종과 나비』는 세상과 만나는 나, 코기토를 절절하게 느끼게 한다. 세상이란 데카르트가 의심했던 그 모든 것이다. 나에게 귀속되는 행동, 나의 생물학적 조건인 몸, 물리적인 환경, 그리고 다른 코기토에게 귀속되는 행동들. 나라는 코기토는 다른 코기토들을 직접 만날 수 없다. 나라는 코기토는 다른 코기토들을 직접 볼 수 없고 다른 코기토들에게 귀속되는 행동들을 볼 수 있다. 다른 코기토에게 귀속되는 행동들을 보고, 그 행동들을 의미를 통해 해석하면, 다른 코기토에 대한 정체성이 구성된다. "그 사람은 이러이러한 사람이다"라는 관념이 생긴다.

　정체성의 구성에는 의미가 관여한다. "나는 이러이러한 사람이다"라는 관념, 즉 자기 정체성과 "그 사람은 이러이러한 사람이다"라는 관념, 즉 타인에 대한 정체성 구성에 관여하는 의미들은 유사하다. 인격의 됨됨이(personhood)를 관찰하는 데 나라는 코기토가 사용하는 의미들은 같은 사회에 속한 다른 코기토들이 사용하는 의미들과 완전히 같지는 않지만 유사성을 띤다. 인격의 됨됨이를 기술할 때 인간의 어떤 측면을 커뮤니케이션에 참여시켜 사람됨을 구성해나갈 것인가를 결정하는 것은 커뮤니케이션의 구조이기 때문이다. 병원에서 진찰을 기다리며 진찰을 기다리는 다른 사람에게 "어디가 아파서 오셨어요?"라고 묻고 서로의 증상에 대해 이야기하는 커뮤니케이션 구조를 예로 들 수 있다. 그러한 커뮤니케이션 구조는 인간의 건강과 질병과 관련된 여러 의미들을 사용하여 나와 그를 환자라는 수신자로 삼아 전개되는데, 그 커뮤니케이션에서 내가 나를 중증 환자로, 그를 건강염려증 환자로 해석하는 데 사용한 의미들은 그가 그를 초기단계의 환자로, 그가 나를 회생불능의 말기 환자로 해석하는 데 사용한 의미들과 완전히 동일하지는 않지만 유사하다.

정체성, 사람됨과 관련하여 루만은 인간(Mensch) 대신 인격(Person)이라는 개념을 사용한다. 루만에게 "인간은 구조적으로 서로 접속되어 있는 여러 자기생산적 체계들, 즉 유기체, 면역체계, 신경체계/뇌, 의식 등으로 이루어진다". 따라서 인간은 단일한 자기생산적 체계가 아니다. 인격은 사회적 커뮤니케이션에서 "사회적 체계들의 수신자"를 가리킨다. 루만은 "인격들은 사회적 체계의 자기생산의 구조들이지 결코 심리적 체계들이나 완전한 인간이 아니다. 그래서 인격들은 생명의 자기생산과 인간의 사유에서 창출되는 단위들과 구별되어야 한다"고 말하며, 인간과 인격을 구분한다. "인간의 어떤 면모가 소통을 통해 수신자로 될지를 결정하는 것은 소통의 구조이다. 그래서 학문적 소통은 대학 교수를 학자로서만 수신자로 삼지, 특정한 성적 취향의 대표자나 종교적 거장 또는 고혈압 환자 등으로 삼는 것이 아니다." "인격 개념을 통해 루만은 인간에 대한 통일성 표상을 없애버리고 그런 표상에 대한 요구를 소통을 통해 기술할 가능성을 획득한다." 이제 사람됨이란 미리 주어진 것이 아니라 커뮤니케이션을 통해 기술된다. "인간의 어떤 측면을 커뮤니케이션 속으로 끌어들여 '나'라는 사람됨을 구성할 것인가, '그'라는 사람됨을 구성할 것인가"를 결정하는 것은 커뮤니케이션의 구조다.

주체의 의지는 다른 사람의 사람됨에 대한 해석에도 중요한 의미로 사용된다. 나에게 귀속되는 행동이 나의 주체의 의지로 촉발되었듯이 다른 사람의 행동도 그의 주체의 의지로 촉발되었다고 해석한다. 이 두 해석의 결과에는 차이가 있을 수밖에 없다. 나에게 귀속되는 행동 중에 나의 주체의 의지에 반하는 행동, 혹은 주체의 의지에 의해 촉발되지 않은 행동이 있다. 이러한 행동들은 내 정체성 구성에서 배제된다. 나라는 코기토가 나의 사람됨을 구성할 때 포함된 행동들은 주체의 의지의 산물로 해석된다. 다른 사람의 행동에도 주체의 의지에 반하거나 무관한 행동이 있는데, 나라는 코기토가 다른 사람의 사람됨을 구성할 때 배제하는 행동이 그러한 행동이다. 그런데 그라는 코기토가 배제하는 행동과 항상 일치하지는 않는다. "그 사람이 그럴 리가 없어. 이건 그 사람의 의지가 아닐 거야. 뭐에 씌거나 아니면 그 사람이 한 행동이 아니겠지"라고 생각하여 배제한 행동을 그라는 코기토는 그 자신의 주체의 의지에 의해 촉발된 행동으로 여길 수도 있다. 내가 보는 나와 남이 보는 나의 차이는 불가피하다. 더욱이, 내가 보는 나 역시 나는 일관된다고 생각할지언정 조변석개할 수도 있다. 그럼에도 주체의 의지라는 의미를 통해 관찰되는 행동과 그를 통해 구성되는 주체의 의지는 심리체계와 사회체계의 작동과 구성에 중요하다.

윤리

도-덕은 윤리의 관찰 대상이다. 윤리체계는 도와 덕을 요소로 주체의 의지라는 의미를 통해 행동이라는 사건을 관찰하는 사회적 체계다. 행동은 윤리체계 외에도 다양한 체계에서 관찰된다. 선과 악의 구별은 **도덕**의 관찰 대상이다. 건강한 상태와 그렇지 않은 상태의 구별은 **의료**의 관찰 대상이다. 법과 불법의 구별은 관찰이다. 신호등을 무시한 무단횡단을 목격한 경찰은 행동을 불법으로 관찰하고 벌금을 부과한다. 다른 사람들이 소리를 지르며 제지하는데도 듣지 못한 것처럼 비틀거리며 차도를 횡단하는 행동을 목격한 의사는 그 사람에게 다가가서 진찰한다. 신호등을 주시하며 운전하던 운전자는 무단횡단에 급제동을 걸며, 자신과 다른 사람을 위험에 빠뜨리는 악한 행동에 분개하며 교통질서를 무시하는 부도덕한 사람들에게 욕설을 날린다. 무단횡단에 성공한 사람은 자신의 행동을 다음과 같이 관찰한다. 적절한 상황 판단과 민첩한 몸놀림으로 무단횡단에 성공! 안 그랬으면, 약속 장소에서 막 나오는 그를 따라잡을 수 없었을 것이고 일은 실패로 돌아갔을 거야. 그런데 내 뒤따라 길을 건너던 사람은 급정거한 차 운전자에게 욕을 먹고 경찰에게까지 걸렸던데, 그 사람 걸음걸이를 보니 병원에 가봐야 할 것 같기도 하고.

다각도에서 관찰 가능한 행동에서 코기토는 무엇을 보는가? 나는 "코기토는 도-덕을 관찰한다"고 했다. 도-덕은 윤리의 관찰 대상이므로, 이 책은 윤리와 코기토의 관계에 관한 책이다. 도-덕에 초점을 맞추어 행동을 관찰하는 코기토에 관한 책이다. 윤리체계에 관여하는 코기토에 관한 책이다. 도-덕을 관찰하는 코기토들의 "자기서술"을 살펴보는 작업은 도-덕으로 행동을 설명한 이전 작업의 후속작에 해당한다. 도-덕과 코기토의 관계를 설명하여, 이전 작업에서 행했던 **윤리**의 지평을 확장하려는 시도다.

코기토는 어떻게 그리고 왜 행동에 나타나는 도-덕을 관찰하는가? 이 책의 주제다. 이 주제는 니클라스 루만의 관찰 개념에 의지하여 다듬어졌다. **어떻게 그리고 왜**라는 질문에 답하기 위한 방법론 역시 루만의 방법론에 근거를 둔다. 체계를 구성하는 데 사용되는 의미론의 변화를 따라가는 방법이다. 루만은 자신의 방법론이 다른 유사한 방법론으로는 답하기 어려운 **왜**의 문제에 접근하는 좋은 도구라고 확신한다.

코기토는 왜 도-덕을 관찰하는가? 가장 주된 목적은 행동을 통해 정체성을 구성하기 위함이다. 자신의 행동을 통해 자신의 정체성을 구성하기도 하고, 다른 사람의 행동을 통해 다른 사람의 정체성을 구성하기도 한다. 코기토는 자신의 행동을 특정한 도로 교정하고자 주체의 의지를 스스로를 향한 명령의 형식으로 드러내기도 한다. 코기토는 자신의 일련의 행동들을 보고, 자신이 가진 덕을 가늠하여 자신의 사람됨을 설명하기도 한다. 코기토는 도-덕의 과정을 보고, 도-덕의 과정이 견지해온 주체의 의지를 설명하기도 한다. 코기토는 다른 사람의 행동에서 그의 도-덕을 본다. 그의 도-덕은 그의 주체의 의지를 드러낼 뿐만 아니라 그의 사람됨을 보여준다. 다른 사람의 코기토 역시 나의 행동에서 나의 도-덕을 볼 것이며 나의 사람됨을 판단할 것이다.

코기토는 어떻게 도-덕을 관찰하는가? 루만은 "사회나 시대를 기술하기 위한 의미론[11]의 기본 용어들"이 변화하는 모습에 주목한다. 루만은 "의미론"을 "(의미를 현행화하는 체험 사건 및 행위 사건 전체와는 구별되는) 한 사회가 이용할 수 있는 형식들", "고도로 일반화되고 상대적으로 상황에 독립적으로 이용 가능한 의미"라 정의한다. 기존의 용어들이 사라지고 새로운 용어들이 출현하며 기존의 용어들이 의미를 바꾸는 변화를 따라서 사회나 시대를 기술하는 작업은 전혀 새로운 것이 아니다. 그런데 루만은 역사가들이 단지 "그런 일이 정말 일어났다는 점을 확인해왔을 뿐"이라고 주장한다. 그리고 자신은 그들과는 달리 그러한 변화를 기술함으로써 그러한 변화의 이유를 설명할 것이며, "푸코의 '고고학'과 담론 개념 역시 이런 면에서 불충분하기는 마찬가지"라고 단언한다. 루만은 푸코의 "탈인본주의 관점"을 자신도 공유한다고 밝히고 있다. "인본주의가 주체를 고양시키다가 고갈되어버린 지금, 탈인본주의 관점을 취하는 것이 불가피해 보인다"고 덧붙인다. 그러나 푸코의 "담론의 고고학" 역시 "역사적 의미론"과 마찬가지로 의미론 변화의 이유를 설명하기에는 부족하다. "한층 더 튼튼한 이론적 기반이 요구"된다. 루만에게 체계이론은 기존 방법론의 한계를 극복하는 대안이다. 그는 의미론의 변화를 통해 그 변화의 이유를 설명할 수 있는 가장 적합한 방법론으로 체계이론을 제시한다.[12]

사랑을 예로 들면, 루만은 자신의 커뮤니케이션 체계이론, 즉 "상징적으로 일반화된 소통매체에 관한 일반 이론"으로 사랑을 분석한다. "여기서는 사랑을 감정이나 감정이 반영되는 방식으로 다루는 것이 아니라 상징적 코드로 다룬다. 상징적 코드란 매우 비개연적인 상황에서도 성공적으로 소통할 수 있는 방법을 알려주는 코드이다.

사랑의 코드는 그에 상응하는 감정들이 형성되도록 고무한다." 사랑을 "상징적으로 일반화된 소통매체"로 간주하고 보면, 사랑이란 "비정상적인 일일 뿐만 아니라 지극히 정상적인 비개연성이라는 점"을 알게 된다. 루만은 "비개연적인 일의 개연성이 높아지는 것"과 의미론의 관계에 주목한다. "비개연적인 사회구조들이 정상적으로 되면 그만큼 소통매체들에 대한 요구 수준이 높아지며, 이러한 정상화는 그 매체들의 의미론 속에 반영된다."[13]

사랑이라는 매체 자체는 감정이 아니라 하나의 소통 코드이다. 즉 그것의 규칙들에 따라 감정을 표출하고 형성하고 모사할 수 있게 해주고, 타인이 그런 감정을 갖고 있다고 보거나 그렇지 않다고 볼 수 있게 해주며, 또한 이 모든 것을 통해 그 규칙에 따른 소통이 실현될 때 생기는 온갖 결과들에 대처할 수 있게 해주는 코드이다.[14]

이상을 요약하면, 코기토는 소통 코드를 통해서 도-덕을 관찰한다. 이것이 루만이 말하는 의미론이다. 관찰, 작동, 체계/환경-구별, 작동상 폐쇄적, 서술 등 루만의 체계이론을 구성하는 주요 개념어 중에 관찰과 서술을 좀 더 살펴보자. 관찰 개념을 이해하기 위해 작동 개념을 함께 이해할 필요가 있다. 루만의 "작동"과 "관찰"에 대하여, 정성훈은 다음과 같이 설명한다. "루만은 체계들이 그 환경들과 경계를 긋는 것, 즉 그 체계들이 체계들이게끔 만드는 자기생산을 '작동(operation)'이라고 부른다." "관찰 역시 작동이지만, 관찰은 다른 작동을 관찰하는 작동이라는 점에서 작동과 구별된다. 즉 하나의 관찰은 자신의 작동에 앞서 일어난 다른 작동만 관찰할 수 있지 관찰하는 작동 자신을 관찰할 수는 없다."“내가 나를 관찰할 때, 관찰된 나(이전의 작동)와 관찰하는 나(지금의 나)는 다르다.”[15]

　루만은 “법체계를 자기 스스로를 서술하는, 즉 이론을 포함하고 있는 체계로 서술할 때만 법체계라는 대상에 적절한 서술이 될 수 있다”는 점을 설명하며, 관찰과 서술을 다음과 같이 구분한다. “자기관찰이란 개별 작동을 법체계의 구조와 작동에 귀속시키는 것, 특히 하나의 커뮤니케이션이 법/불법이라는 사실을 함축 또는 배제하는 일이다.”“체계 내에서 체계의 통일성을 서술”하는 자기서술은 “선택한 체계 준거를 통해 (작동의) 연결 가능성을 지속적으로 보장하는 일이 아니라 스스로를 성찰하는 바로 그 체계 내에서 체계의 통일성을 성찰하는 일”이다.[16]

서술이라는 개념이 갖는 일반적으로 고정된 의미가 그렇듯이 서술이라는 작동은 텍스트의 작성을 의도한다. 다시 말해 또 다른 커뮤니케이션을 위해 반복해서 사용할 수 있는 전제를 마련하는 일이다. 따라서 자기서술(‘텍스트 작성’)은 자기서술 작동이 이루어지는 체계 자체를 주제로 삼는 일이다. 즉 자기서술은 어떤 임의의 작동이 아니라 정확히 자기서술의 의도를 지닌 작동이다. 바로 이 점에서 우리는 자기서술 작동을 고전적인 표현에 따라 성찰(Reflexion)이라고 부를 수 있다. 그리고 자기서술은 성찰하는 가운데 자기서술 스스로도 서술대상인 체계에 속한다는 사실까지도 성찰하며, 따라서 자기서술 역시 이러한 서술이 속하는 체계의 요구를 충족시켜야 한다.[17]

"심리적 체계들의 자기생산"에 관하여, 루만은 "의식체계들이 자기생산적으로 작동한다고 주장한다. 이 주장은 심리적 체계들이 하나의 재귀적 과정 속에서 계속해서 그 구성요소들로부터 그 구성요소들을 산출하며, 이런 식으로 하나의 단위로 스스로를 산출하고 유지한다는 것을 뜻한다. 루만은 심리적 체계들의 고유한 요소들을 생각 또는 표상이라고 부른다. 생각이나 표상은 사건, 즉 그것이 나타나자마자 곧 다시 사라지는 요소이다. 하나의 생각이 나타나면, 이는 이미 그다음 순간에 사라지며 새로운 생각에 의해 대체된다."[18]

심리적 체계들의 고유한 요소가 생각이라는 점은 데카르트를 비롯하여 다른 철학자들이 이미 말했던 바다. 그런데 이 생각을 루만은 표상으로서, 나타나자마자 곧 사라지는 불안정한 사건으로 설명한다. 순식간에 사라지는 표상으로서의 사건을 안정화하려면 이어지는 후속 사건들에 사용되는 의미들에 일관성을 부여해야 한다. 주체의 의지는 일관성을 부여하는 데 자주 동원되는 의미다. "주체의 의지가 어떤 의미인가"를 해석하는 심리적 체계들의 관찰의 변화를 관찰하는 의미론은 "심리적 체계로서 나란 어떻게 구성되는가", 즉 "코기토란 어떻게 구성되는가"에 대한 탐구다.

심리적 체계는 폐쇄적이다. "의식체계들이 자기생산적으로 작동한다"는 말은 심리적 체계의 작동상 폐쇄성을 가리킨다. 심리적 체계는 자신을 구성하는 요소인 표상을 스스로 생산한다. 나타나자마자 사라지는 사건인 표상은 다른 표상으로 대체된다. 생각은 꼬리를 문다. 그런데 이러한 사건들은 단지 나타났다 사라지는 것이 아니라, 기억된다. 사건들을 관찰하는 심리적 체계의 작동 때문이다.

행동과 체험

코기토는 행동을 통해 세상과 만난다. 루만은 행동과 체험을 구분한다. 루만은 세상과 맺는 관계에서 자신에게 귀속되는 부분과 그렇지 않은 부분을 나누는데, 전자가 행동, 후자가 체험이다. 예컨대, 옆 사람을 쳐다보며 대화에 집중하며 걷다 보니 갑자기 쿵 하는 소리와 함께 입간판이 쓰러지는 것을 보게 되었다. 이때 어깨에 메고 있던 가방이 불안정하게 서 있던 입간판을 스치면서 쓰러진 것이라면 입간판이 쓰러진 세상은 나에게 귀속되어 **행동**이 된다. "나는 입간판을 쓰러뜨렸다." 그런데 바람에 쓰러졌다면 단지 **체험**이 된다. 그런데 이 예에서 행동과 체험의 구분은 사후적이다. 쿵 소리의 체험이 입간판과 관련된 세상과의 첫 관계다. 입간판이 쓰러지고 있는 동안 심리적 체계에는 대화와 관련된 표상이 나타났다 사라지고 있었을 것이다. 적어도 입간판과 관련된 표상은 아니었을 것이다. 입간판이 땅에 닿아 쿵 소리를 내고 그 소리에 돌아본 후에야 비로소 심리적 체계에는 입간판의 표상이 나타난다. 쿵 소리의 청각적 체험, 쓰러진 입간판의 시각적 체험은 가게 앞에 서 있던 주인이 나를 흘겨보며 "에이, 가방 간수 좀 잘하지"라고 말할 때 **행동**이 된다. 나의 코기토는 "내가 입간판을 쓰러뜨렸구나" 생각한다. 그런데 내 쪽을 쳐다보며 이야기를 나누던 친구는 내 어깨너머로 입간판이 바람에 쓰러진 순간을 목격했다. "어머, 이 친구가 쓰러뜨린 거 아니거든요. 야, 네가 그런 거 아니야. 내가 봤는데 바람 불어서 넘어진 거야. 사람 다니는 길에 세워놓으시려거든 안전하게 하셔야죠"라고 곧바로 응수하는 친구의 말에 나의 코기토는 입간판이 쓰러진 세상을 청각적 체험, 시각적 체험에 이어 다시 추론으로 체험한다. 친구의 말에 의지하여 추론한 결과, 나의 코기토는 바람이 입간판을 쓰러뜨렸구나라고 생각한다.

루만의 체계이론에서 나에 귀속되는 행동을 제외한 모든 경험은 체험으로 불린다. 루만 역시 적어도 심리적 체계를 기준으로 볼 때, 나에게 귀속되는 행동과 타인에게 귀속되는 행동을 포함한 모든 세상에 본질적인 차이가 있다는 관점을 견지하고 있다. "개인은 그가 선택으로 경험하는 모든 것을 자기자신에게 행위로 귀속시킬 수는 없다. 개인은 일군의 선택들 [...] 세계 자체가 선택한 것이라고 기입한다"[19]의 각주에서 정성훈은 "'세계 자체의 선택으로 기입한다'는 것은 곧 '체험'한다는 것을 뜻한다"고 설명한다. 즉 많은 선택들을 자신의 행위가 아닌 체험으로 귀속시킨다는 것이다"[20]라고 설명한다. 행동과 체험은 심리적 체계의 작동에 의해 사후적으로 규정되며 또 가변적이다.

행동과 체험의 차이는 코기토의 선택에 의존한다. 루만처럼 구분하면, 나에게 귀속되는 부분은 체험될 수 없다. 만약 코기토가 나에게 귀속되는 부분을 행동으로 인식하지 않고 체험으로 인식한다면, 행동/체험의 차이는 사라지는가? 자신이 행동하고도 안 했다고 오리발을 내미는 경우, 책임을 회피하기 위해 행동을 체험으로 처리하는 경우가 있을 수 있다. 가방으로 간판을 쳐서 쓰러뜨리고도 남의 일인 양 물끄러미 바라만 보는 행동은 이전의 행동을 체험으로 처리하겠다는 주체의 의지를 만천하게 드러내는 행동이다. 이러한 경우 이외에도, 자신이 하는 행동이 모두 체험으로 처리되는 코기토도 있을 수 있다. 음식을 입에 넣고 씹고 음식물이 식도를 타고 내려가도 먹는다는 행동을 "나에게 귀속되는 부분"이 아닌 양 생각하고 있는 코기토. 먹으라니까 먹긴 먹는데 아무 맛도 모르겠고 왜 먹는지도 모르겠고. 이와는 다르게, 자신이 하는 행동을 모두 체험으로 처리하는 코기토도 있을 수 있다. 먹는 행동을 나에게 귀속되는 부분이 아닌 양 생각한다는 점은 같은데, 그 방식이 다르다. 환자에게 식이요법을 제공하고 이를 점검하는 영양사처럼, 개 돌보는 일을 하며 적정량의 사료를 제공하는 직원처럼 나에게 적정 영양소를 제공하고 먹는 행동을 통해 제대로 섭취되는지 관찰하는 코기토.

정반대의 질문으로, 코기토가 "세계 자체의 선택"을 "나에게 귀속되는 부분"과 동일시하는 논리는 가능한가? 내가 쓰러뜨렸는지 아닌지 확실하지도 않은데 간판이 쓰러지는 것만 보고도 간판을 일으켜 세우는 행동은 자칫 이전의 세계, 입간판이 쓰러진 세계를 자신의 행동으로 기입하겠다는 주체의 의지를 만천하게 드러내는 행동으로 인식될 수 있다. 간판이 쓰러지는 소리에 가게를 뛰쳐나온 주인에게. 세계 자체의 선택이 나에게 귀속되는 부분과 동일시되는 논리는 주자의 성즉리(性卽理)에서 찾아볼 수 있다. "체험으로 기입할 것인가"와 "행동으로 기입할 것인가"의 선택에서 전자는 운명론이고 후자는 의지론이다. 『주역(周易)』 해석의 역사, 루만의 용어로는 주역학 혹은 주역론은 이 대립을 상수역(象數易)과 의리역(義理易)으로 보여주는데, 주자의 해석이 의리역을 대표한다고 할 수 있다. 점치는 책인 『주역』을 사용하여 점을 치는 이유가 상수역에서는 "주역이 보여주는 수를 통해, 정해진 운명을 예측하여 운명에 대비하기 위해서"라고 한다면, 의리역에서는 "주역이 보여주는 수를 통해 세계 자체의 옳음을 확인하고, 주어진 상황에서 나에게 귀속되는 올바른 행동을 재확인하기 위해서"라고 할 수 있다. 『주역』에서는 점을 칠 때, 묻고자 하는 바를 명확하게 구체화하여 평서문으로 제시해야 하는데, 이 단계에서 생각이 필요하다. 예컨대 "나는 모월모일에 아무개와 혼사를 올립니다", "나는 지금 근무하는 회사를 그만둡니다", "내일은 비가 옵니다" 등이다. "누구랑 결혼해야 잘 살까요?", "회사를 그만둘까요?", "내일 날씨는 어떤가요?" 등의 의문문은 안 된다. 점사에 따라 수반되는 행동이 구체화되어야 하기 때문이다. 의리역에서는 특히 이 단계에서 점사에 따라 나에게 귀속되는 부분을 구체적으로 생각하게 되고 주체의 의지가 개입한다. 의문문이라면 주체의 의지가 개입하는 정도가 덜하다. 의리역에 의존한다면 이 단계에서 무엇이 옳은지 생각하게 되고 생각이 확신으로 이어지면 굳이 점을 칠 필요가 없다. 성즉리(性卽理)를 모든 행동에서 구현하는 종심소욕 불유구(從心所慾不踰矩)의 상태에서는 당연히 점을 칠 필요가 없다. 주어진 상황에서 항상 올바른 행동을 알고 이를 행동으로 실현할 수 있기 때문이다. 주어진 상황에서 올바른 행동이 어떤 행동인지 확신이 서지 않을 때, 점사에 의존하여 이를 재확인한다. 또한, 올바른 행동을 생각할 능력이 결여된 상태나 올바른 행동을 안다고 해도 실천할 주체의 의지가 결여된 상태에서도 점을 칠 필요가 없다. 아니, 점을 칠 수도 없다. 점에 묻고자 하는 바를 특정할 수 없기 때문이다. 예컨대, 너무 어려서 생각에 충분한 언어능력이 결여된 경우, 올바른 행동을 안다고 해도 단순히 이를 따르기에는 너무 많은 생각이 오락가락하는 경우는 한 문장의 주어 동사로 생각을 압축하기 어렵다.

名

코기토는 어떻게 名을 통하여 도-덕을 관찰하는가? 앞서 말했듯, 윤리는 도-덕을 관찰한다. 동아시아 철학의 토대가 되는 선진철학에서 이름(名)은 루만이 말하는 바의 의미론, 즉 사회나 시대를 기술할 때 사용할 수 있는 형식들 중 하나다. 그 이유는 선진철학의 주요 저작들에 공통으로 등장하는 개념이기 때문이다. 명은 도, 덕과 더불어 윤리학의 근간이 되는 개념이다. 사회질서를 세우는 일은 이름을 바로잡는 일로부터 시작된다는 정명론(正名論)이 일례다. 정명은 "이름을 바로잡다"라고 번역한다. 다음은 앞서 출간한 책에서 했던 설명이다.

『논어』의 정명(正名)[21]에서 알 수 있듯이, 유가철학에서 명은 권위의 핵심이다. 권위는 권력의 핵심이다. 권력은 행동의 인도와 관련되어 있다. 고대 중국철학에서 행동을 인도하는 말은 '부사＋동사'가 아니라 명사 중심으로 이루어졌으며, 명사는 다름 아닌 이름이다. 역으로 풀어서 설명하면 다음과 같다. 고대 중국철학자들의 주제는 행동의 인도다. 동작을 직접 지시[22]하지 않고 사물의 이름을 불러서 행동을 지시하는 방법이 고대 중국철학의 행위의 인도에 채택된 방법이라고 한다면, 이름이야말로 행동의 인도에 중심이 된다. 사물에 이름을 붙이거나 기존의 이름을 바꾸는 일이 행동의 인도에서 중심이 되는 방법이라는 뜻이다. 그러나 이름이란 사회 구성원이 함께 사용할 때라야만 이름으로서 의미와 기능을 가진다. 아무나 이름을 붙이고 바꿀 수 없다. 사물에 이름을 붙이고 사람들이 그 이름으로 그 사물을 부르게 하는 것, 그것이 권위다. 권위로써 사물에 이름을 붙이고 사람들이 그 이름으로 그 사물을 부르게 하여 사람들의 행동을 인도하는 것, 그것이 권력이다.[23]

윤리학의 근간이 되는 명의 의미론을 살펴보면, 코기토가 명을 통해 관찰하는 도-덕이 드러난다. 동아시아 철학의 문외한도 한 번쯤 들어봤을 『장자(莊子)』의 대붕 이야기를 예로 들어, 코기토가 명을 통해서 관찰하는 도-덕을 설명하겠다.

북쪽 큰 바다에 물고기가 있는데 이름이 곤(鯤)이다. 곤의 크기는 몇천 리나 되는지 모른다. 그것이 변하여 새가 되었는데 그 이름이 붕(鵬)이다. 붕의 등은 몇천 리나 되는지 모른다. 떨치고 날아오르면 그 날개가 마치 하늘에 드리운 구름 같다. 이렇게 새는 바다가 움직이면 곧 남쪽 큰 바다로 가려고 한다. [...] 매미와 비둘기가 웃으며 말한다. '내가 풀쩍 뛰어 느릅나무, 박달나무로 날아가지만, 이르지 못해서 땅에 떨어져버릴 때도 있다. 어째서 구만 리 남쪽으로 가려고 하는가?' (근교) 풀밭에 간다면 (준비해 간) 세 끼 밥만 먹고 돌아와도 (아직) 배가 꺼지지 않지만, (멀리) 백 리를 간다면 밤새 (가지고 갈) 양식을 방아 찧어야 하고, 천 리를 간다면 3개월 식량을 마련해야 하니 두 벌레가 무엇을 알겠는가! [...] (은 왕조의 첫번째 왕인) 탕(湯)이 (스승인) 극(棘)에게 물은 것이 이것이다. 풀도 나지 않는 북쪽에 깊은 바다가 있는데 천지(天池)다. 물고기가 있는데 그 넓이가 수천 리고 길이도 알려져 있지 않은데 그 이름을 곤(鯤)이라 한다. 새가 있는데 그 이름을 붕(鵬)이라 한다. 등은 태산 같고 날개는 하늘에 드리운 구름 같다. 양의 뿔처럼 요동치며 올라 구만 리 구름을 뚫고 푸른 하늘을 등진 후에 남쪽을 향하여 남쪽 깊은 바다로 간다. 참새가 웃으며 말한다. '저것은 어디로 가는 거지? 나는 풀쩍 올라도 몇 길 못 오르고 내려와서 쑥밭 사이를 날지만 이것도 "날기의 궁극(飛之至)"인데 저것은 어디로 가는 거야?' 이것이 작음(小)과 큼(大)의 구별이다.

앞의 텍스트 내에서 붕(혹은 곤)은 말이 없다. 붕의 나는 행동은 관찰된다. 텍스트 내에서 그의 행동을 참새(혹은 매미, 비둘기)가 관찰한다. "매미와 비둘기가 웃으며 말한다. '내가 풀쩍 뛰어 느릅나무, 박달나무로 날아가지만, 이르지 못해서 땅에 떨어져버릴 때도 있다. 어째서 구만 리 남쪽으로 가려고 하는가?'"라는 말에서 매미와 비둘기가 붕을 관찰했음을 알 수 있다. 그런데 그 웃음이 조롱인지 경탄인지는 분명하지는 않지만 경탄에 가깝다. 자신들은 가까운 거리도 못 가는데 가늠할 수 없는 거리를 나는 붕에 대해 "대단한데?"라고 말한다. 그런데 뒤의 참새의 말은 다르다. "'저것은 어디로 가는 거지? 나는 폴짝 올라도 몇 길 못 오르고 내려와서 쑥밭 사이를 날지만 이것도 "날기의 궁극(飛之至)"인데 저것은 어디로 가는 거야?' 참새의 말을 보면 웃음에는 경탄보다는 조롱이 담겨 있다. 붕이 나는 행동을 관찰하는 매미와 비둘기, 참새를 화자(話者)가 "이것이 작음(小)과 큼(大)의 구별이다"라고 관찰한다.

관찰은 여기서 끝이 아니다. 이 화자를 편의상 『장자(莊子)』의 저자로 불리는 단일 인물 장자라 한다면, 앞의 텍스트의 의미는 『장자』 전체 텍스트와 관련지어 해석할 수 있다. 『장자』를 어떻게 해석하는가에 따라 "이것이 작음(小)과 큼(大)의 구별이다"의 해석이 달라지고, 이에 따라 붕과 이를 관찰하는 매미와 비둘기, 참새의 웃음의 의미가 달라진다. 지금까지도 동아시아의 식자층에 의해 『장자』의 관찰기가 생산되고 있다. 지금도 서점에서 『장자』의 관찰기는 쉽게 발견되며 『장자』의 가장 처음에 등장하는 이 유명한 이야기에 대한 관찰기는 빠지지 않는다.

『장자』관찰기는 저자들이 "이것이 장자(의 해석이)다!"라고 지시한 것이다. 관찰기는 "이것이 아닌 것은 장자가 아니다"를 함축하고 있다. 저자들은 장자인 것과 장자 아닌 것을 구별하면서 장자의 철학을 구성한다. 동시에 자신의 철학을 구성한다. 자신의 철학을 구성하면서 코기토는 "내 생각인 것"과 "내 생각이 아닌 것"을 구별한다. 후속 커뮤니케이션으로 이어지는 관찰기들이 『장자』해석의 정설을 형성한다. 코기토는 名을 통해서 관찰한다. 저자가 『장자』텍스트를 앞에 두고 자신의 해석을 논문으로 작성하기 전에 행하는 선행연구 검토가 관찰이다. 선행연구 검토 후 저자의 코기토는 자신의 해석을 논문으로 작성하는 작업 즉 작동을 시작한다. 학술지에 제출된 논문이 심사를 거쳐 발표되어야만 작동이라 할 수 있다. 심사에서 탈락하여 발표되지 못하면 작동이 아니다. 후속 커뮤니케이션으로 연결될 수 없기 때문이다. 체계를 체계로 만드는 작동이 되려면 발표되고 인용되어야 한다.

루만의 체계이론에서 "체계/환경-구별"이라고 표현하는데, 체계를 체계로 만드는 작동이 이어져 『장자』해석체계가 만들어진다. 『장자』해석체계는 학술지 논문 심사 과정에서 확인된다. 다음은 2016년에 학술지에 발표한 논문 「소요유(逍遙遊)의 자유에 대한 소고」의 심사 과정에서 받은 세 심사평 중 하나다. 한국에서 인문사회과학 학술지에 논문을 투고하면 대개 세 명의 심사자가 논문을 심사하여 게재 여부를 판단한다. 심사를 통과하든 통과하지 못하든 심사평은 투고자에게 전달된다. 익명으로 투고하므로 심사자는 투고자를 모른다. 다음 심사평을 작성한 심사자 역시 투고자를 몰랐을 것이라 추측한다.

본 논문이 지향하고 있는 자유의 여러 개념에 대한 구체적인 적용은 장자의 소요유를 자유로 인식하고 있는 학계에 적지 않은 도움을 줄 것이라고 보임. 기존의 장자의 자유에 대한 이해를 비판(송영배, 리우샤오간)하고 다른 의견을 보조적으로 제시함으로써 자신의 이해를 보여줌. 그런 점에서 신선하고 분명한 입장에 눈에 띔. [...] 장자 전공자가 아니면서도 장자에 대한 깊은 이해를 보여주었다는 점에서 큰 의미가 있지만, 이러한 장자 이해에 대한 여러 견해에 대해서는 조금 더 관심을 기울일 필요가 있음.

인용한 심사평은 『장자』 해석이라는 커뮤니케이션 체계가 존재하고 있으며 투고된 논문에 대해 행한 후속 커뮤니케이션을 통해 형성됨을 보여준다. 심사자는 심사평으로 체계/환경-구별을 행한다. 『장자』 해석이라는 커뮤니케이션 체계 안에 속해서 후속 커뮤니케이션을 통해 체계/환경-구별을 행하는 연구자를 "장자 전공자"로 명명하여 후속 커뮤니케이션으로 연결될 가능성이 없는, 다시 말해서 체계 안에 속하지 못하는 연구자와 구별한다. 전공 분야를 막론하고 모든 학계가 체계인 것은 자명하나 『장자』라는 텍스트, 텍스트 중에서도 극히 일부분에 대한 해석에 대해서도 정통 해석, 주류 해석이 존재하며 체계/환경-구별을 통해 체계를 유지한다.

자기지시

루만이 말하는 심리적 체계는 코기토의 작용을 통해 자기생산되는 체계다. 코기토의 작용은 관찰이다. 루만의 커뮤니케이션 체계에서 관찰은 지시(refer)다. 루만이 말하는 자기지시는 코기토의 자기 관찰이며 타자지시는 코기토의 타자 관찰이다. 이 책의 시작에서 코기토는 관찰한다고 썼는데, 그 관찰은 루만의 용어로 지시에 해당하며 세 가지로 나눠볼 수 있다. 흔히 내적 성찰이라 불리는 자기 관찰과 자신에게 귀속되는 행동의 관찰, 그리고 그 외 다른 사람의 행동과 사물 즉 환경에 대한 관찰이다. 환경에 대한 관찰이 루만의 용어로는 타자지시에 해당한다. 커뮤니케이션에서 자기지시가 일어나는 동시에 타자지시가 일어난다. 지시는 다름 아닌 자기와 타자의 구별이기 때문이다.

　루만의 커뮤니케이션 체계에서는 관찰 즉 지시의 주체가 코기토에 한정되지는 않는다. 체계가 자기자신을 관찰, 즉 지시하기도 한다. 지시하는 커뮤니케이션으로 체계가 구성되고 체계가 체계를 지시함으로써 체계가 유지되고 서로 다른 체계들 사이의 지시에 따라 전체 사회가 구성되고 변화하는 사회체계의 설명이 루만의 커뮤니케이션 이론이다. 이 책의 주제를 루만의 용어로 다시 쓰면, 이 책은 심리적 체계에 초점을 맞춰, 코기토의 자기지시에 의해 구성되는 나와 타자지시에 의해 구성되는 세계의 커뮤니케이션을 다룬다.

코기토는 자신에게 귀속되는 행동에서 도-덕을 본다. 도-덕은 "주체의 의지"라는 의미로 코기토에 의해 관찰된다. 코기토는 행동에서 도-덕을 지시한다. 루만에게 관찰은 구별과 지시다. 어떤 것을 본다는 것은 그 외의 것을 보지 않는다는 것이다. 그 외의 것을 보지 않기 때문에 특정한 것을 볼 수 있다. 배경과 사물을 구별하지 않고 응시하고 있다면 아무것도 보지 못한다. "지금 봤어?" "뭐? 뭐 지나갔어?" "모기. 저기 벽에 붙었다. 빨리 잡아." "뭐가 붙었다고 그래. 난 안 보이는데. 보이는 네가 잡아." 이런 대화가 가능하다. 특정 사물인 모기를 배경과 구별하지 않으면 모기를 볼 수 없다. 모기를 본다는 것은 모기를 환경과 구별하고 모기를 가리키는 행동이다. 코기토는 행동에서 도-덕을 구별하고 지시한다. 그리고 그렇게 관찰된 도-덕이 주체의 의지에 의해 만들어졌다고 말한다.

자기지시는 코기토의 주된 작동이다. 코기토의 작동은 관찰인데 관찰이라는 작동이 재귀적일 때, 자기지시에 의한 자기생산 과정이 된다. 코기토가 재귀적으로 관찰한다는 것은 행동에서 자기를 구별해내고 그것을 자기라고 지시한다는 것이다. 행동에서 "이것이 나다"라고 관찰하는 것이다. 코기토는 행동에서 도-덕을 보고 그 도-덕을 주체의 의지가 만들었다고 말한다. "이러한 주체의 의지가 이러한 행동을 하게 했다"고 말한다. 각각의 행동에서 구별되고 지시된 주체의 의지는 각각 개별적인 주체의 의지들이 아니라 주체의 의지다. 통일된 나다.

코기토는 자신을 남처럼 관찰할 수도 있다. 자신에게 귀속되는 행동을 타자지시하기도 한다. 자기지시에 사용되는 의미가 주체의 의지라면 타자지시에는 다양한 의미들이 사용되는데, 주목할 것은 지식이다. 코기토는 지식을 사용하여 타자지시한다. 마치 다른 인격에 귀속되는 행동을 관찰할 때 지식을 사용하듯이. 물론 타자지시는 자기지시와는 달리 재귀성이 없다.

루만은 소통을 이해, 정보 그리고 발화로 설명한다. A의 발화가 B에게 이해로 도달하지 못하면 소통이 아니다. B는 A의 발화에서 정보를 구별한다. 이것이 이해다. B가 구별해낸 정보는 B의 발화에 의해 드러난다. A는 B의 발화에서 B가 A의 발화로부터 구별해낸 정보, 즉 B의 이해를 구별해내고 이에 따라 발화한다. "A가 무엇을 말하려고 의도했는가"는 A와 B의 소통에 결정적인 요소가 아니다. 결정적인 요소는 A와 B가 이해, 정보, 발화를 이어간다는 점이다.

이 책에서 루만에게 크게 의지하는 두 가지는 관찰과 커뮤니케이션이다. 관찰은 사후적이다. 관찰되는 것은 관찰에 선행한다. 무언가를 본다는 것은 이미 있는 것을 본다는 것이다. 루만에 따르면 체계는 관찰을 통해 스스로를 생산한다. 인간의 신체에 해당하는 생물학적 체계든, 코기토와 관련된 심리적 체계든, 인격과 관련된 사회적 체계든, 체계는 각각 폐쇄적으로 작동하며 폐쇄적으로 체계 안쪽을 관찰하고, 그럼으로써 스스로를 생산한다. 코기토는 심리적 체계와 관련되지만 코기토가 곧 심리적 체계는 아니다. 심리적 체계의 상당 부분은 코기토의 바깥이다. 일례로, 라캉이 말한 바, "나는 내가 생각하는 곳에 존재하지 않고, 내가 생각하지 않는 곳에서 존재한다"를 들 수 있다. 심리적 체계에는 코기토가 관찰할 수 없는 맹점이 존재한다. 정신분석학에 따르면, 코기토는 빙산의 일각일 것이다. 그런데 그 일각이 중요하다. 적어도 이 책에서는. 코기토는 본다. 사후적으로. 선행 도-덕을.

2장

행동과 커뮤니케이션

커뮤니케이션 과정에서 행동을 어떻게 관찰[24]하는가? 개념을 만들어서 관찰한다. 당연한 말이지만, 행동의 관찰 역시 언어를 통한다. 코기토는 다른 사람의 행동을 관찰한다. 자신에게 귀속되는 행동 역시 관찰한다. 선행한 **발화**를 **이해**하는 행동은 개념(=의미화의 과정을 거치며)을 발화하는 행동으로 후속 커뮤니케이션으로 연결된다. 직원들 앞에서 담당 업무의 중요성을 장황하게 늘어놓는 팀장을 예로 들면, 팀장의 행동은 묵묵히 앉아서 팀장의 말을 듣는 팀원들에게 관찰된다. 묵묵히 앉아서 말을 듣는 행동 자체는 관찰이 아니다. 팀장의 말이 끝난 후, 일부 직원은 업무명령으로 개념화하여 기존 업무를 다시 점검하고 다른 직원은 꼰대질로 개념화하여 무시한다. 각기 다른 후속 커뮤니케이션으로 연결되는 지점이다. 업무명령으로 이해하고 기존 업무를 재편성하는 행동은 팀장에게 관찰된다. 기존 업무를 재편성하는 직원의 행동을 성실한 근무태도로 개념화한 팀장의 커뮤니케이션은 근무평정에 좋은 점수를 주는 행동, 즉 근무평정 반영으로 연결된다. 꼰대질로 개념화한 직원은 기존 방식대로 업무를 진행한다. 팀장이 이를 관찰하고 근무태만으로 이해한다. 팀장은 근무평정에서 좋지 않은 점수를 부여한다. 팀장의 말, 즉 선행한 발화는 직원들 각자에게 의미화의 과정을 거치며 각기 다른 개념으로 수용되고 이는 각기 다른 행동으로 나타난다. 팀장의 말이 끝난 후, "업무명령이구나", "꼰대질이야" 등등의 발화가 일어나지 않아도 팀장이 직원들의 행동을 관찰하는 행동으로 후속 커뮤니케이션으로 연결된다. 만약 팀장이 이들의 행동을 관찰하지 않으면, 즉 의미화 과정을 거쳐서 개념화하지 않으면 후속 커뮤니케이션은 일어나지 않는다.

무결점의 인간, 완성된 인간, 즉 성인의 행동을 학이시습하는 유가, 유교에서는 이상적인 행동을 성인군자의 행동이라 하고 이를 행동의 전범으로 삼는다. 행동을 상호 관찰하는 일군의 사람들이 지속적으로 커뮤니케이션을 수행하면 사회가 형성된다. 커뮤니케이션에서 이상적이라고 인정받는 일련의 행동들이 도출되고 이를 성인의 행동이라 명명하면 이 행동들은 전범으로 굳어진다. 성인의 행동을 학이시습하여 거의 완벽하게 체현한 사람들이 군자다. 성인은 이상화되고 신화로 자리 잡는다. 신화가 된 성인은 군자의 행동으로 재생산된다. 동시대인들 가운데에도 군자라고 불리는 사람들은 생겨난다.

군자의 행동을 명명하는 주요 개념으로는 경(敬), 성(誠) 등이 있다. 공경하다라고 번역되는 敬은 철학으로서 유가, 종교로서의 유교의 근간을 이루는 사서오경(四書五經)에 포함되는 『예기(禮記)』의 가장 처음에 등장하는 개념어이다. 『예기』는 무불경(毋不敬), "敬 아닌 것이 없다"라는 말로 시작한다. 『예기』 첫 장은 「곡례(曲禮)」인데 일상의 중요한 예절에 대해 세세하게 행동을 지시[25]하는 내용이다. 유교의 이상적 인간형인 성인을 체현한 군자의 행동은 한마디로 예(禮)의 범주를 벗어나지 않는 행동일 것이며, 『예기』에 나오는 행동들을 물 흐르듯 자연스럽게 해내는 사람이 군자일 것이다.

이 장에서는 유교의 언어가 군자의 행동을 어떻게 관찰했는가를 보여주는 일례로 『예기』「곡례」를 살펴보고자 한다. 서로 다른 관점에서 살펴본 논문 두 편이 이 장의 본문을 구성한다. 뒤의 논문이 앞의 논문보다 먼저 작성되었다. 앞의 논문은 미발표 논문으로, 2014년 발표한 뒤의 논문 「禮와 비지배의 자유에 관한 일고찰」[26]에 대한 후속 연구다. 앞의 논문은 사회의 관점, 호네트의 용어로 인정의 우선성을 전제한 관점이다. 뒤의 논문은 자유주의적 개인의 관점이다. 앞의 논문은 관계성에 초점을 맞춰 예에 대한 기존의 해석과 화해를 시도하였다. 두 논문은 상반되는 시각에서 동일한 문헌을 읽은 결과물이다. 관점이 달라지면 관찰의 결과 역시 달라진다는 상식적인 결론에 도달한다. 이렇게 본다면, "유교의 언어가 군자의 행동을 어떻게 관찰했는가"란 결국 유교윤리학의 주요 연구주제다. 동일한 구절, 동일한 문헌에 대한 다양한 관찰이 가능하다. 정통과 이단, 주류와 비주류, 전공자와 비전공자의 해석이 아니라.

논문 1: 사회의 관점에서 개인 윤리로서 禮

1. 서론: 윤리의 관찰

아비샤이 마갈릿(Avishai Margalit)은 그의 저서 『품위 있는 사회(*The Decent Society*)』에서 "품위 있는 사회는 제도가 사람들을 모욕하지 않는 사회"[27]라고 정의한다. 그는 "문명화된 사회"와 "품위 있는 사회"의 이념을 구분하면서, 전자가 개인 간에 서로를 모욕하지 않는 사회를 지향하는 "미시 윤리적 개념"이라면 후자는 "전체 사회구조와 관련된 거시 윤리적 개념"임을 강조한다. 그러나 마갈릿도 지적하듯이 이 두 구분은 일상에서 자주 모호해진다. 「속물근성」이라는 장에서 그는 속물근성과 모욕 사이에 간과할 수 없는 관련이 있으며 속물 사회란 남을 모욕하는 사회라고 주장한다. 그럼에도 불구하고 그는 속물근성의 사회적·역사적 역할이 있었음을 간과하지 않는다. 근대인의 형성 과정에서 예절의 역할에 주목한 노르베르트 엘리아스(Norbert Elias)를 인용하며 그는 다음과 같이 말한다.

예절은 속물의 도구다. 속물들은 예법을 윤리 수준으로 끌어 올린다. 앞에서 언급했듯이 예절의 목적은 까다로운 상류사회에서 다른 사람들을 배제하는 데 있다. 그러나 설령 이것이 예절의 목적이고 속물들이 그 사실을 알고 있었다고 할지라도, 역사적으로 예절은 사생활 개념의 발전에 결정적으로 기여했으며 이 사생활 개념이 개인의 개념으로 이어

지는 결과를 낳았다.**28**

동아시아 사회에서 예(禮) 개념은 품위 있는 사회와 속물사회 양극
단에 걸쳐 있는 개념이다. 禮는 전통적으로 동아시아 사회질서의 주
된 기반으로, 사회규범 및 법질서의 근거를 제공하였다. 禮에 관한
주요 텍스트들에서 禮는 "제도가 사람들을 모욕하지 않는 사회"를
만들기 위한 개념적 도구로 해석될 수 있다. 반면 禮는 엘리아스의
말처럼 속물들의 도구로 사용되기도 했다. 『양반전』은 양반들이 禮
를 악용하여 다른 계급의 사람들을 배제하는 조선시대 속물사회를
풍자한 소설이다.

　근대화를 거친 현재 동아시아 사회에도 禮는 사회규범 곳곳에 남
아 일상의 규율로 작동한다. 그런데 禮라는 말에서 연상되는 품위 있
는 사회와는 달리 禮가 속물사회의 개념적 도구로 사용되는 현상이
곳곳에서 목격된다. 禮와 관련된 맥락이 인간 존중이 아니라 모욕인
경우다. 현재 한국사회에서 "무례하다", "인간에 대한 예의가 없다",
"버릇없다", "어른을 몰라본다" 등 禮와 관련된 말들은 종종 다른 사
람을 **도덕**의 수준에서 모욕하는 데 사용된다. 이러한 말들은 인간관
계에서 연령, 성별, 직위와 직능 등으로 개인과 집단을 나누는 禮의
질서를 왜곡하여 윗사람의 아랫사람에 대한 억압과 차별을 정당화
하는 도구로 禮를 오용하는 대표적인 사례다. 과거로부터 오늘날에
이르기까지 "예법을 윤리 수준으로 끌어 올"려 일상적인 행동에서
다른 계급의 사람들을 구별하는 위계질서를 구축한 속물들은 여기

서 그치지 않고 禮를 도덕의 수준에서 오용하여 일상적 언어에서 다른 사람에게 모욕을 퍼붓는다. 도덕으로 위장된 모욕은 쉽사리 반박하기 어렵기 때문에 상욕을 퍼붓는 모욕보다 악질적이다.

"도덕이 땅에 떨어졌다", "사회가 점점 각박해진다", "인성 교육이 중요하다" 등의 세태 담론들에 편승하여 禮가 강조되면 강조될수록 "도덕을 땅에 떨어뜨리고 사회를 각박하게 만들며 인성이 잘 갖추어지지 않은" 현대사회의 개개인에게는 禮에 대한 혐오감만 쌓인다. 마갈릿의 관점에서 보면 현대 한국사회에서 禮를 강조하는 사람들 속에는 禮를 이용하여 다른 사람을 모욕하는 속물이 다수 존재할 가능성이 크다. 인간 존중을 근간으로 삼는 유가철학의 관점에서 현대 한국사회에서 벌어지는 禮의 오용과 악용은 생각해볼 문제다.

2. 관계 속의 개인

"우리가 유학의 경전들에서 발견하는 인간은 언제나 다른 사람들의 관계와 사건들이 만들어낸 상황 속에 있는 인간들이다."[29] 소위 동양철학 관련 저서와 논문에서 이와 유사한 문장을 발견하는 일은 어렵지 않다.[30] 동양철학을 대표하는 유가철학에서 "관계 속의 인간"을 뒷받침하는 대표적인 개념이 禮다.[31] "이러한 상호 간의 역할을 규정하는 것은 무엇인가. 유가에서 그것은 예라고 하는 자발적인 규범에 기인하고 있다. 공동체의 관계 속에서 자신의 위치를 규정하는 것은 다름 아닌 예이다."**32** 그런데 기존 연구에서 禮 개념은 위계질서에 기반을 둔 사회질서 유지를 중심으로 해석된 경향이 강했기 때문에, 종종 불평등을 합리화하는 기제로서 오용되었다. 이를 근거로 유가철학은 개인의 자유와 평등을 근간으로 하는 현대 민주사회에 역행하는 철학 사조라는 오해를 받기도 하였다. 그러나 禮 개념을 철학적으로 고찰해보면, 禮는 개인의 자유와 평등과 양립 불가능하거나 민주주의에 역행하는 개념이 아니다. 오히려 유가철학은 禮 개념을 통해 개인에게 자유를 부여하고 개인과 개인 간의 관계에서 평등을 유지하려 했다. 『논어』 이래 현실적인 눈으로 인간 사회를 바라보는 유가철학의 전통은 인간을 그 자체가 하나의 단위가 되는 불가분(individual)의 독자적인(independent) 존재로 보기보다는 인간관계라는 숙명 속에서 살아갈 수밖에 없는 존재로 보았다. 민주주의 사회에서 유가철학의 역할을 고민하는 학자들은 유가철학을 통해 "개인의 권리(individual rights)라는 개념 없이도 인간의 존엄과 가치에 대한 감각을 유지할 수 있다"**33** 고 주장한다.

禮는 나눔(分)을 전제로 한다. 禮 개념이 사회제도화된 예악전장제도(禮樂典章制度)는 관계로 얽혀 있는 개인과 개인을 나누는(分) 틀이다. 개인은 禮를 갖추어 행동함으로써 자신의 자유와 상대방의 자유를 동시에 보장한다. 2014년 논문이 禮라는 틀의 바깥, 즉 예라는 틀로 묶인 개인과 개인의 관계에 초점을 맞추었다면, 이 논문은 禮라는 틀의 안쪽, 즉 禮를 실천하는 개인에 초점을 맞추고 있다. 인간은 매 순간 다르다. 시간의 흐름을 따라 기존의 세포가 죽고 새로운 세포가 생겨난다. 기억은 재편된다. 행동이 일정할 수 없는 것은 당연하다. 인간은 시간에 따라 변하고 장소에 따라 달라지는, 시간과 공간으로 나누어볼 수 있는 사실상 분할 가능한 존재다. 태어날 때부터 타인에게 의존하지 않고는 살아갈 수 없는 의존적(dependent) 존재다. 이러한 존재를 "그 자체가 하나의 단위가 되는 불가분(individual)의 독자적인(independent) 존재"로 만들어주는 개념적 틀이 禮다.

마갈릿의 문명화된 사회와 품위 있는 사회 구분을 개인 윤리와 사회 윤리를 구분하는 개념으로 재해석하면, 본 논문은 "문명화된 사회"를 위한 개인 윤리로서 禮 개념의 고찰에 해당한다.「禮와 비지배의 자유에 관한 일고찰」은 **품위 있는 사회**를 위한 사회 윤리로서 禮 개념의 재해석에 해당한다고 볼 수 있다.「禮와 비지배의 자유에 관한 일고찰」에서 주요 개념으로 다룬 경(敬)은 禮가 **거리두기**를 통해 비지배의 자유를 구성할 수 있도록 하는 禮의 주된 실천 방식이다.[34] 敬을 실천할 때 개인은 타인과의 관계에서 어느 한쪽이 다른 한쪽을 지배하지 않는, 서로 연결되고 의존하되 일방적으로 간섭하거나 지배하지 않는 비지배의 자유를 실천한다고 할 수 있다. 즉 인간관계에서 敬의 실천은 비지배의 자유로 귀결된다. 이 논문은 선행 논문의 연장선상에서 敬을 주된 개념으로 논하되 개인 윤리의 차원에서 논의를 심화하고자 한다.

『예기』는 유교의 가장 중요한 경전이라 할 수 있는 사서오경의 하나인 동시에『주례(周禮)』,『의례(儀禮)』와 더불어 삼례(三禮)에 속하는 예서(禮書)다. 따라서 동양철학에서 禮 개념을 논할 때 『예기』는 빠질 수 없는 텍스트일 뿐 아니라 깊이 있게 다루어져야 하는 텍스트다. 禮를 『예기』에서 개념화할 수 없다면 다른 경전이나 예서에서 동일한 시도를 한다고 해도 설득력이 떨어진다. 이러한 취지에서 『예기』의 시작인 「곡례 상」의 첫 부분에서 禮의 개념화를 시도하고자 한다.

3. 사적 지배를 차단하는 배려 – 狎而敬

曲禮曰 毋不敬 儼若思 安定辭 安民哉

곡례에 (다음과 같이) 말한다. 경(敬) 아닌 것이 없다. 엄숙하여 마치 생각하는 듯하고 편안하고 분명하게 말하면 백성을 편안하게 할 것이다.[35]

곡례란 글자 그대로 "세세한 예의범절"을 가리킨다. 관혼상제와 같은 의식 예절을 포함하여 일상의 예절이 중심 내용을 이루고 있다. 해석하면, 곡례란 敬을 근간으로 한 세세한 행동지침인데, 그 행동지침이 특이하지 않고 편안하며, 애매모호하지 않고 분명하게 지시되어 있다. 따라서 그 행동지침, 즉 곡례를 따르는 백성의 일상생활이 한층 편안해질 것이라는 일종의 취지문이다.

「곡례」 상·하편은 사회 윤리, 규범 윤리의 차원이 아닌, 개인 윤리, 실천 윤리의 차원에서 禮의 의미를 고찰할 수 있는 자료를 제공한다. 禮 개념이 개인 윤리와 사회 윤리, 두 차원에 걸쳐 있다는 점은 주지의 사실이다. 禮는 개인과 개인 사이의 예의범절을 의미하는 개념이기도 하고 국가 수준의 사회제도로서 예악전장제도를 의미하기도 한다. 그러나 개인 윤리 차원에서도 관혼상제 등의 의례에서 개인의 행동 규범과 관련된 내용에 초점을 맞추다 보면, 개인과 개인 사이의 관계를 조율하는 禮의 의미는 퇴색되고, 법과 제도 속의 개인에 작용하는 禮가 강조된다. 사회 윤리 차원에서 禮의 의미가 지나치게 부각되면, 禮를 단지 규범 윤리 차원에서 이해하는 데 그치게 된다. 개인은 오직 사회로부터 개인에게 주어진 禮, 즉 규범을 실천에 옮기도록 노력하기만 하면 된다는 식으로 禮를 이해하는 것이다. 이렇게 되면 실천 윤리로서 禮의 의미가 상대적으로 축소된다.

> 敖不可長 欲不可從 志不可滿 樂不可極
> 오만이 자라도록 해서는 안 되며, 욕구가 나아가도록 해서는 안 되며, 뜻이 충만하도록 해서는 안 되며, 즐거움이 극에 달하도록 해서는 안 된다.

"敬 아닌 것이 없다"와 연결하여 보면, 이 구절은 敬의 속성을 나타낸다. 오만, 욕구, 무언가를 하고자 하는 의지, 즐거움의 추구가 과도하지 않도록 통제하는 것이 敬이다. "곡례에 (다음과 같이) 말한다. 敬 아닌 것이 없다"는 구절은 일차적으로는 곡례, 즉 세세한 예의범절은 敬으로 요약될 수 있다는 뜻이고, 나아가서는 禮의 요체 역시 敬임을 함축하고 있다. 요컨대, 敬은 "과도함의 통제"이며, 이는 곡례, 나아가 禮의 요체가 된다.

4. 합당함 — 宜

賢者狎而敬之 畏而愛之 愛而知其惡 憎而知其善 積而能散 安安而能遷 臨財毋苟得 臨難毋苟免 得毋求勝 分毋求多 疑事毋質 直而勿有 若夫 坐如尸 立如齊 禮從宜 使從俗

현명한 사람은 친압(狎)할 사람도 공경(敬)하며, 두려워할 사람도 아끼며, 아끼는 사람도 그 악한 점은 알고, 미워하는 사람도 그 선한 점은 안다. (재물을) 모으지만 풀 줄 알고 편안함을 편하게 누리다가도 옮길 줄 안다. 재물을 만나면 구차하게 얻으려고는 하지 않으며 어려움을 만나면 구차하게 모면하려고는 하지 않는다. 얻음에 과도하게 하지 않고 나눔에 더 많이 얻으려 하지 않는다. 일이 의심스럽다고 질정하지 않으며 곧게 하되 고집하지 않는다.[36] 모름지기 앉는 것은 시동[37]처럼 하고 서는 것은 재계하는 것처럼 한다. 禮는 마땅함을 따르며 사신은 (사신 간 나라의) 풍속을 따른다.

"敖不可長 欲不可從 志不可滿 樂不可極"를 敬과 연결 지어 해석한 까닭은 이 구절의 앞에 나온 "敬 아닌 것이 없다"라는 말의 강한 어조 이외에도, 이 구절의 바로 뒤에 敬이라는 글자가 와서, 敬의 의미를 드러내기 때문이다. 敬은 압(狎)과 상대가 된다. 狎은 친하고 가까움을 표시하는 행동 또는 그러한 관계다. 狎하는 상대에게는 거리감이 없다. 이와 상대가 되는 개념인 敬은 거리를 두는 행동이다. 그렇다고 상대를 꺼리거나 멀리하고자 하는 행동은 아니다. 狎而敬之는 친하지만 서로 일정 정도의 거리를 유지하는 행동이다. 자식, 후배, 제자 등 친압할 만한 관계에서 친압하지 않고 오히려 거리를 두며 공경한다. 敬을 "과도함의 통제"라고 한 해석과 통한다. 자부심이 지나쳐 자신을 상대에게 가깝게 가져가는 데 조금의 부끄러움이나 주저함이 없는 오만(敖), 상대와의 친밀함을 확인하고 싶은 욕구(欲), 상대와 조금의 거리도 두고 싶지 않다는 의지(志), 상대와의 친밀함이 주는 즐거움(樂)이 지나쳐서 상대와의 관계를 망가트리는 잘못을 범하지 않도록 하는 행동이 敬이다.

"현명한 사람"이란 禮를 잘 실천하는 사람이라 할 수 있다. 개인과 개인 사이에 일정 정도의 거리를 유지하도록 하는 敬은 禮의 근간이 되는 속성이다. 宜(의)는 敬의 근간이 되는 속성이라고 할 수 있다. 마땅함, 떳떳함, 합당함으로 번역되는 宜란 그 "일정 정도"의 거리, 그 "적절한 거리"를 의미한다. 상대를 공경(敬)하는 행동이란 가까운 사이라고 해서 상대의 의사를 무시하지 않고 존중하며, 두려워하여 멀리하지 않고 아끼고 존경하는 행동이다. 상대를 존중하는 그 적절한 거리를 유지했을 때 그 행동은 합당하고 떳떳한(宜) 행동이 되고 비로소 상대를 공경(敬)하는 행동이 되어 禮라 할 수 있게 된다. 宜가 敬의, 敬이 禮의 필요조건이므로 宜가 禮의 필요조건이라 할 수 있다. 이를 "禮가 떳떳함을 추구하는 것은 마치 다른 나라에 사신으로 파견된 사람이 그 나라 풍속을 따르는 것과 같다"고 서술했다.

마땅함(宜)을 요체로 하는 공경(敬)이 禮의 근간이고 현명한 사람은 다른 사람을 대할 때 이러한 禮의 실천을 찾아볼 수 있다. 현명한 사람은 자식, 후배, 제자, 부하 등을 가깝게 여기되 업신여기지 않고 공경하며, 부모, 선배, 스승, 상관 등을 경외하되 꺼리지 않고 아낀다. 현명한 사람은 모두를 아끼고 사랑하며 다른 사람에게 자신의 몫을 양보하며 어려움을 자처하며 스스로를 희생하는 사람이 아니라, 자신이 아끼는 사람에게도 잘못된 점을 발견할 줄 알고 자신이 미워하는 사람에게도 좋은 점을 발견할 줄 알며, 떳떳하게 돈을 벌 기회가 있으면 굳이 피하지는 않지만 구차한 방법으로 돈을 벌지는 않으며, 어려움을 마땅히 피하고자 하지만 그것이 구차하다면 감내하고, 몫을 나눌 때에도 자신의 몫을 떳떳하게 요구할 뿐 자신의 몫이 아닌 것을 탐내지 않는다. 이것이 합당함(宜)으로 다른 사람을 공경(敬)하는 행동이다. 평소에 친하다고 생각하여 사안과 관계없이 항상 자신의 편을 들어줄 것이라고 현명한 사람에게 기대한다면 자신의 잘못을 지적하는 현명한 사람에게 거리감을 느낄지도 모른다. 현명한 사람은 평소에 자신이 싫어하는 사람이라도 사안에 따라 그 옳은 점을 인정하기 때문에 상대방과의 친소에 상관없이 서로 존중하는 관계를 유지할 수 있다. 돈 벌 기회를 애써 포기하거나 어려움을 자처하는 행동도 적어도 禮의 관점에서 보면 현명한 사람의 행동은 아니다. 비록 "선한 의도"에서 비롯되었다고 할지라도, 개인 대 개인 간의 관계에서 상대를 도덕적 곤경에 빠뜨리게 되어 결국 상대를 공경하는 행동은 아니게 될 수 있다. 도덕적으로 우월함을 드러내게 되는 결과가 될 수 있기 때문이다. 몫을 나눌 때 자신의 떳떳한 몫을 주장하는 현명한 사람의 행동은 상대를 동정하거나 하대하지 않고 자신과 동등하게 공경하는 행동이다.

합당함(宜)으로 다른 사람을 공경(敬)하는 현명한 사람의 행동은 상대에 대한 호의라는 선한 의도에서 출발한 행동이 정반대의 결과를 낳을 수 있다는 점을 암시하고 있다. 상대에 대한 호의에 의지하여 상대와 허물없이 지내다 보면 "친압(狎)"에 이르게 된다. 狎은 익숙하다, 업신여기다, 가벼이 보다 등으로 해석되는데, 친해서 서로 격(隔)이 없이 지내다 보면, 상대를 나와 구분 짓지 못하고 동일시하게 되어 상대가 나와 다른 주체임을 망각하게 된다. 상대에게 호의가 있으므로 상대를 위하고 배려하는 의도만을 믿고, 마땅히 상대에게 물어서 결정해야 할 일임에도 자신이 결정한다. 상대방은 호의에 따른 선한 의도에서 출발한 행동임을 알기 때문에 무시당했다고 여겨질 때에도 제대로 항의할 수 없다. 친압은 합당한 공경이 아니다. 敬에는 간격(隔)이 필요하다. 상대를 자신과 구별 짓는 동시에 자신과 동등한 존재로 인정해야만 공경할 수 있다.

재물이나 명예 등을 얻을 기회가 있을 때 이를 포기하거나 몫을 배분하는 상황에서 다른 사람에게 자신의 몫을 양보하는 행동은 설령 다른 사람에 대한 배려에서 나온 행동이라 할지라도 그 행동에 합당함이 결여되어 있다면 禮가 아니다. 공경(敬)에는 합당함이 필수적이다. 모두가 인정하는 합당함과 떳떳함이 있다면 포기나 양보가 가능하며 경우에 따라서는 포기나 양보가 禮일 수 있다. 그러나 상대에 대한 배려라는 선한 의도에만 의지하여 합당함에 근거한 공경을 잊은 채 행동한다면 상대를 너무 가깝게 여겨 업신여기는 행동으로 이어질 수 있다. 이렇게 본다면 다른 사람 잘못을 지적하여 더 나은 사람이 되게 하고자 하는 선한 의도, 일의 오류를 지적하여 일이 잘되도록 하고자 하는 선한 의도에서 비롯된 행동도 같은 맥락에서 해석할 수 있다. 바로잡는 행동, 즉 질정은 필요하다. 그러나 질정은 원론적인 차원에서 밋밋하고 곧(直)게 할 뿐, 자신의 생각을 끝까지 고집해서는 안 된다. 상대를 배려하는 의도에서 상대를 아끼는 마음을 절절하게 표시하거나 충고의 섬세함이 지나치면 부모가 어린아이 대하듯 상대를 대하게 된다. 질정은 합당함 안에서, 공경을 유지하는 수준에서 스트레이트(直)하게 한다. 이러한 곧은 태도는 단지 상대방을 질정하는 언사에 국한되지 않고 일상에서 한결같은 자세로서 강조된다. 가까운 사람에게는 너무 허물없이 대하고 먼 사람은 두려워하며 좋아하는 사람에게는 무조건 비위 맞추고 싫어하는 사람에게는 늘 적대를 표시하는 태도는 곧은 태도가 아니다. 마치 제사에 신주를 대신하는 시동처럼, 앉으나 서나 재계하듯이 곧고 반듯한 자세를 유지하여야만, 친소(親疏)와 호오(好惡)에 좌지우지되지 않고 상대에 대한 합당한 공경을 유지할 수 있다.

夫禮者 所以定親疏 決嫌疑 別同異 明是非也

禮란 (禮를 가지고) 친밀함과 소원함을 규정하고, (禮를 가지고) 의심스러운 것을 결정하고, (禮를 가지고) 같음과 다름을 구별하고, 옳음과 그름을 명백하게 하는 것이다.

禮란 방법 혹은 도구다. 규정하고 결정하고 구별하고 분명하게 하는 방법이다. 禮는 서로 애매모호한 사람들 사이를 나누고 확정하며, 서로 어떤 사이인지 분명하게 드러낸다. 개인과 개인 간에 가깝고 친한 사이와 멀고 어려운 사이는 있다. 그런데 禮를 행함으로써 그 관계가 분명해진다. 친족 관계와 같이 친소가 주어진 경우에는 주어진 관계에 합당한 공경을 표시하는 것이 禮가 될 것이다. 그러나 사회에서 일로 만나는 동료나 우연히 알게 된 개인 간에 가까운 사이인 것 같기도 하고 먼 관계인 것 같기도 할 때, 즉 친소가 모호한 경우 禮를 갖추는 행동으로써 친소가 규정된다. 예컨대, 하루 꼬박 걸리는 거리에 문상을 와주는 동료는 그가 禮를 갖춘 행동을 통해 친한 사이로 규정된다. 특별한 이유도 없이 한 시간도 안 되는 거리임에도 직접 문상하는 대신 조의금으로 간단한 성의를 표시하는 동료는 먼 사이로 규정된다.

禮 不妄說人 不辭費 禮 不踰節 不侵侮 不好狎
예는 망령되게 남을 기쁘게 하지 않으며, 말을 많이 하지 않는다. 예는 언동에 있어서 절도를 유지하는 것이며, 남을 침노하여 업신여기지 않으며, 친압(親狎)을 좋아하지 않는다.[38]

친압(狎)에 대한 경계는 반복된다. 그 이유는 다른 사람을 가까이 하여 격이 없이 대하는 행동을 잘못된 행동이라 생각하기 어렵기 때문이다. 다른 사람에게 친함을 표시하려는 선한 의도는 상대를 낮춰 대하는 친압(狎)으로 이어질 수 있다. 이러한 선한 의도는 禮에 어긋난 잘못된 행동을 은폐할 수 있다. 또한 禮에 어긋난 자신의 행동에 대한 반성을 어렵게 한다. 그러므로 앞에서는 친압(狎)을 敬과 대비시켜 경계하였고, 이 구절에서는 狎을 직접적으로 禮의 적으로 지목하였다.

修身踐言 謂之善行 行修言道 禮之質也

몸을 닦고 말을 실천하는 것을 일컬어 잘하는 행동이라고 한다. 행동에는 닦임이 있고 말에는 길이 있는 것. 이것이 禮의 바탕이다.

質은 바탕, 재료다. 바탕, 재료가 없으면 禮는 이루어질 수 없다. 禮에는 공경(敬)이 필수적이며 공경(敬)에는 합당함, 떳떳함, 마땅함(宜)이 필수적이다. 그런데 敬, 宜를 드러내는 것은 결국 행동이다. 禮는 敬, 宜를 드러내는 행동으로 나타난다. 禮를 요리에 비유하자면, 宜에 기반을 둔 敬은 요리법, 行修言道은 요리의 재료라 할 수 있다. 요리에는 요리법만 있어서는 안 되고 재료가 필요한 것과 같다. 좋은 요리법이 있어도 재료가 좋아야 맛있는 음식이 된다. 言은 禮를 드러내는 주요한 행동이다. "잘하는 행동"은 몸가짐뿐만 아니라 말이 중요하다. 또한 번지르르한 말본새가 아니라 말을 실천에 옮기는 행동이다. 그런데 禮를 드러내는 몸의 움직임과 말의 실천에는 배우고 익히는 과정이 필요하다. 좋은 식재료를 얻기 위해 정성 들여 농사를 짓고 가축을 기르는 노력과 같다.

"재료"의 관점에서 禮를 살펴보면, 禮는 잘하는 행동이 바탕에 깔려 있어야만 가능하다. 몸을 닦는 일은 합당한 공경을 표현할 수 있는 상태로 자신의 몸가짐을 훈련하는 것이다. 말은 실천이 중요하다. 실천할 수 없는 허언(虛言)을 하지 않도록 훈련한다. 예컨대, 상대와 가까워지기 위해 하게 되는 과장 섞인 말이 허언이 될 수 있다. 실천이 수반되면 과장이라 할 수 없으므로 과장된 말은 실천되기 어렵다. 실천이 수반되지 않는 말을 하는 행동은 상대를 업신여기는 것이 된다. 평소에 몸을 닦고 말을 실천하는 "잘하는 행동"을 반복하다 보면, 어느덧 몸(身)과 말(言)이 중심이 되는 이른바 행동(行)은 닦여(修) 있고 말(言)은 길(道)이 난 상태가 된다. "말(言)이 길(道)이 난 상태"란 말이 항상 일관되게 실천되는 상태다. 이렇게 되어야만 특정한 상황에서 특정한 상대를 만날 때 상대에게 마땅한 공경을 표시함으로써 禮를 실천할 수 있다. 자신이 자신의 몸의 움직임을 잘(善) 통제할 수 없고 말을 잘(善) 실천하지 못하면 상대에게 마땅한 공경이 어떻게 하는 것인지 안다고 해도 행동으로 잘 표현할 수 없다.

禮聞取於人 不聞取人 禮聞來學 不聞往教

예는 남이 와서 나를 본받게 되는 것이고, 남이 오지 않는 것을 내가 끌어오는 것은 아니다. 예는 와서 배우는 것이지 가서 가르치는 것은

아니다.[39]

狎에 대한 경계와 연관 지어 해석할 수 있는데, 가르치는 행동에 친압이 수반되기 쉽기 때문이다. 가르치는 사람은 가르침을 받는 사람을 친하게 여기되 공경하여야 한다. 가르침을 받는 사람을 친하게 여기고 사랑하여, 더 많이 가르쳐주고 싶은 선한 의도에서 굳이 찾아가서 가르치는 것은 가르침을 받는 사람을 낮추고 업신여기는 행동이다. 상대에게 선택되어(取於人) 상대가 가르침을 청하면, 청하는 부분에 한하여 가르친다. 상대를 질정하여 더 잘하게 하고 싶은 선한 의도를 가지고, 가르침을 청하지도 않는 상대를 선택하여(取人) 굳이 찾아가 가르치는 것은 상대에 대한 공경이 아니다. 스스로 생각하는 것처럼 스스로가 다른 사람을 가르칠 만한 사람이 아닐 수 있다. 앞서 狎而敬之를 논하는 부분에 나오는 疑事毋質 直而勿有(일이 의심스럽다고 질정하지 않으며 곧게 하되 고집하지 않는다)와 논지가 통한다.

道德仁義 非禮不成 教訓正俗 非禮不備 分爭班訟 非禮不決 君臣上下父子兄弟 非禮不定

道와 德, 仁과 義는 禮가 아니면 이루어지지 않는다. 가르침을 주고 습속을 바르게 하는 일도 禮가 아니면 갖추어지지 않는다. 다툼(의 가닥)을 나누고 송사를 (옳고 그른 것으로) 나누는 일도 禮가 아니면 결정되지 않는다. 군신, 상하, 부자, 형제도 禮가 아니면 (관계가) 정해지지 않는다.

禮란 규정하고 결정하고 나누고 명백하게 확정하는 도구로, 한 개인의 인격에서부터 개인 간의 관계 등 인간사 전반에 관여한다. 앞서 "禮란 (禮를 가지고) 친밀함과 소원함을 규정하고, (禮를 가지고) 의심스러운 것을 결정하고, (禮를 가지고) 같음과 다름을 구별하고, 옳음과 그름을 명백하게 하는" 도구 혹은 방법이라 말한 구절에 대한 구체적인 예시다. 禮가 무엇을 어떻게 규정하고 결정하고 나누고 명백하게 확정하는지, 한 개인의 사람됨의 차원, 개인과 개인 간 관계의 차원, 그리고 사회 및 국가 제도의 차원에서 구체적으로 언급한다.

道와 德, 仁과 義로 대표되는 한 개인의 인격, 가르침, 습속, 다툼, 송사 등 개인과 개인의 관계, 그리고 군신, 상하, 부자, 형제 등 사회를 구성하는 인간관계는 禮를 통하여야만 온전해진다. 道德仁義는 인격의 차원이다. 한 개인의 道와 德, 仁과 義는 "합당함에 근거를 둔 공경으로서의 禮"와 결합하여 비로소 완성된다. 道와 德, 仁과 義에 근거를 둔 한 개인의 사람됨은 몸가짐(身)이 잘 닦이고 말(言)의 실천이 길(道)이 나는 禮의 바탕을 필요로 한다. 즉, "몸가짐(身)이 잘 닦이고 말(言)의 실천이 길이 나는 禮의 바탕"은 "합당함에 근거를 둔 공경으로서의 禮"를 실천하기 위한 바탕일 뿐만 아니라 "道와 德, 仁과 義에 근거를 둔 한 개인의 사람됨"을 구성하고 더 낫게 만들기 위한 바탕이다. 修身踐言으로 요약되는 善行, 그리고 善行의 과정에서 구현되는 禮를 이용하지 않고서는 한 개인의 道德仁義는 발현되지 못하거나 혹은 그저 타고난 대로 머물러 있을 뿐 자라고 나아지지 못한다. 따라서 "道와 德, 仁과 義는 禮가 아니면 이루어지지 않는다"고 한 것이다.

教訓正俗, 分爭辨訟 그리고 君臣上下父子兄弟의 관계 맺기 등 개인과 개인 간 관계의 차원에서도 禮는 "宜에 근거를 둔 敬"을 요체로 하여 개인과 개인의 관계를 규정하고 결정하고 나누고 명백하게 확정한다. 개인 간 가르침을 주고받을 때, 앞서 말한 대로 상대에게 가르침을 받으라고 강요(取人)하여 친압하지 않는다. 습속을 바르게 할 때에도 宜에 근거를 둔 敬을 실천하는 禮가 기준이 된다. 다툼과 송사를 나누고 시시비비를 가릴 때 역시 마찬가지다. 君臣上下父子兄弟의 관계에서도 "친압(狎)할 사람도 공경(敬)하며, 두려워할 사람도 아끼는(狎而敬之 畏而愛之)" 행동을 취한다. 이러한 행동이야말로 "군주는 군주답고 신하는 신하다우며 부모는 부모답고 자식은 자식다운(君君臣臣父父子子)" 행동의 핵심이다. 또한 앞서 설명한 대로 宜에 근거를 둔 敬을 실천하는 禮에 부합한다.

禮는 사회질서와 국가제도를 규정하고 결정하고 나누고 명백하게 확정하는 방법론이다. 사회질서와 국가제도는 "宜에 근거를 둔 敬을 요체로 한 禮"를 실현하는 방식으로 확립되어야 한다.

宦學事師 非禮不親 班朝治軍 涖官行法 非禮威嚴不行 禱祠祭祀 供給鬼神 非禮不誠不莊 是以君子恭敬撙節 退讓以明禮
벼슬하고 배우는 데 있어서 스승을 섬기는 일도 예가 아니면 친하게 수교할 수 없다. 조정에 반열하고 군대를 다스리며, 벼슬에 임하고 법을 시행하는 일도, 예가 아니면 위엄이 서지 않는다. 기도하고 제사하여 귀신에게 공급하는 일도, 예가 아니면 정성스럽지 않고 단정하지 못하다. 그런고로 군자는 공경하고 절도를 알맞게 하며 사양하고 겸손하여 예를 밝히는 것이다.[40]

예악전장제도라 일컬어지는 사회질서와 국가제도가 禮에 근간을 두고 있다는 점은 주지의 사실이다. 사회질서와 국가제도 역시 "宜에 근거를 둔 敬을 요체로 한 禮"에 의거하여 확립된다. 관직에 나아가기 위해 제도권 교육을 받고 관직에 등용되어 법을 시행하고 국가의 의례를 집행하는 공직의 모든 의사결정이 "합당함에 근거를 둔 敬을 요체로 한 禮"를 실현하는 방향으로 이루어져야 한다는 것이다. 따라서 개인은 道德仁義를 중심으로 스스로의 인격을 형성하고, 다른 사람과 관계를 맺고, 사회질서와 국가체제에 참여하는 모든 차원에서 일관되게 宜에 근거를 둔 敬을 요체로 한 禮를 도구, 방법으로 삼아 자신의 삶을 살아간다. 이렇게 본다면 앞서 지적한 "禮 개념이 개인 윤리와 사회 윤리, 두 차원에 걸쳐 있다는 점", 즉 "개인과 개인 사이의 예의범절을 의미하는 개념이기도 하고 국가 수준의 사회제도로서 예악전장제도를 의미하는 개념이기도 한" 禮 개념의 포괄적 성격이 설명된다.

鸚鵡能言 不離飛鳥 猩猩能言 不離禽獸 今人而無禮 雖能言 不亦禽獸之心乎 夫唯禽獸無禮 故父子聚麀 是故聖人作 爲禮以敎人 使人以有禮 知自別於禽獸

앵무새는 말을 잘하지만 나는 새에 지나지 않으며, 성성이는 말을 할 줄 알지만 금수에 지나지 않는다. 여기에 사람으로서 예가 없다면 비록 말은 할 줄 알지만 금수의 마음과 무엇이 다르겠는가. 저 금수에게는 예가 없다. 그런고로 아비와 자식이 암컷을 함께 하고 있는 것이다. 그런 까닭에 성인(聖人)이 나서서 예를 만들어가지고 사람을 가르쳐 사람으로 하여금 예가 있게 하였다. 그리하여 스스로 금수와 다르다는 것을 알게 하였다.[41]

禮는 **인위적**이다. 신(神)이 인간에게 부여한 것도 아니며 인간들 사이에서 저절로 생겨난 것도 아니다. 禮는 앵무새, 성성이 등 인간의 특질을 일부 공유하는 동물조차 갖기 어려운 인간만의 특질인데, 자연발생적으로 생겨난 것이 아니라 성인(聖人)들이 보통의 인간을 위해서 만들었다. 그런데 성인은 인간이기는 하지만 완벽한 인간이다. 禮는 완벽한 인간이 만들었기에 완벽하다. 禮를 실천하면 성인에 준하는 인간이 될 수 있다. 인간이 만든 禮는 신(神)의 영역에 속하는 것이 아니므로 실천 가능하다. 그러나 완벽한 인간이 만들었기에 쉽게 실천할 수는 없다. 끊임없는 노력이 필요하다. 이러한 관점은 유가철학에 일반적으로 통용되는 관점이다.

太上貴德 其次務施報 禮尙往來 往而不來 非禮也 來而不往 亦非禮也
먼 옛날에는 (오직 다른 사람에게) 베푸는 것[42]에만 가치를 두었으나, 그

다음에는 베풀고 보답하는 것을 의무로 여기게 되었다. 禮는 오고 가는 것을 숭상한다. 가기만 하고 오지 않는 것은 禮가 아니다. 오기만 하고 가지 않는 것 또한 禮가 아니다.

합당함에 근거를 둔 공경으로서의 禮는 일방적이지 않고 호혜적이다. 禮의 호혜성은 "曲禮曰 毋不敬"으로 시작된 『예기』 도입부 전체의 논지와 부합한다. 도입부의 시작인 "경(敬) 아닌 것이 없다"는 말은 敬을 요체로 하는 禮란 누구에게나 어떤 관계에서나 적용된다는 뜻이므로 인간관계의 쌍방에 모두 적용되는 상호적이며 호혜적인 성격을 띤다. 앞서 "개인과 개인 사이에 일정 정도의 거리를 유지하도록 하는 敬은 禮의 근간이 되는 속성"이라고 했는데, 관계에 따라 관계의 쌍방이 서로 상대를 공경하는 "적절한 거리(宜)"를 유지하려면 어느 한쪽의 의지만으로는 안 되며 서로의 합의가 필요하다. 한쪽이 다가가면 상대가 물러서고 한쪽이 물러나면 상대가 다가서는 행동이 반복되어야 공경에 해당하는 적절한 거리(宜)를 찾을 수 있다.

　禮의 호혜성은 "宜에 근거를 둔 敬을 요체로 하는 禮"라는 禮의 개념 분석에서도 중요하지만, 禮의 실천에서도 핵심을 이룬다. "禮의 실천이란 실생활에서 호혜성의 실천"이라고 해도 과언이 아니다. 禮란 받은 것을 돌려주는 것이다. "禮는 오고 가는 것을 숭상한다"는 말의 의미는 「곡례」에 나타난 세세한 예의범절에 그대로 나타난다.

5. 결론

본 논문은 「禮와 비지배의 자유에 관한 일고찰」에서 사회 윤리에 초점을 맞춰 관찰한 『예기』를 개인 윤리의 차원에서 다시 관찰한 결과물이다. 敬이 주가 되는 禮의 실천이 「禮와 비지배의 자유에 관한 일고찰」에서 비지배의 자유로 귀결되었다면, 이 장에서는 자기통제를 통한 적극적 자유의 실현 과정을 뜻한다.[43] 『예기』 「곡례 상」의 도입부 해석을 통해, 毋而敬 즉 "사적 지배를 차단하는 배려"로서 자기통제, "합당함에 근거를 둔 공경으로서의 禮"가 개인 윤리의 차원에서 敬이 주가 되는 禮 실천의 핵심이라는 결론에 도달하였다. 禮라는 틀의 바깥에서 개인이 누리는 비지배의 자유는 틀의 안에서 개인의 자기통제와 宜-敬-禮라는 통제의 논리에 기반을 두고 있다. 사적 지배를 차단하는 배려로서 자기통제, 이러한 자기통제를 지탱하는 宜-敬-禮의 논리가 무너지면 禮라는 틀은 내부로부터 무너진다. 틀이 무너지면 인간관계에서 비지배의 자유가 사라질 뿐만 아니라 개인으로서 일관성, 자기동일성도 유지하기 어렵다.

개인 윤리의 차원에서 禮라는 틀의 자유는 이사야 벌린(Isaiah Berlin)의 고전적인 분류에서 적극적 자유에 가깝다. 禮의 실천은 개인 윤리의 차원에서 틀에 의지하여 자기통제를 실천함으로써 사회 윤리 차원에서 비지배의 자유에 도달하는 양면 구조다. 禮라는 틀이 있기에 개인은 인간관계에서 소극적 자유라 불리는 불간섭(noninterference)의 자유를 보장받을 뿐만 아니라 나아가 비지배

(nondomination)를 누린다. 禮에 기반을 둔 인간관계에서 개인은 비록 위계질서상에서 동등하지는 않지만 비지배의 자유를 누리기에 평등하다. 禮라는 틀에 의지하여 개인은 다른 사람을 사적으로 지배하지 않는 배려, 합당함을 일관되게 실천함으로써 자기동일성을 유지한다. 이러한 개인 차원의 실천은 자기통제를 수반하는데 이러한 자기통제의 주된 내용은 다른 사람을 사적 지배를 차단하는 배려로서 狎而敬, 합당함(宜)에 기초한 공경(敬)이다. 공간에 비유하면, 禮라는 틀의 안쪽은 자기통제를 기반으로 하는 적극적 자유의 공간인데 그 공간을 채우는 핵심에 狎而敬과 宜에 기초한 敬이 있다.

개인이 禮라는 틀에 의지할 때 얻어지는 효과가 편안함(安)이다. 禮라는 틀에 의지하지 않고도 불간섭의 자유를 누릴 수 있는 절대군주를 가정하더라도 그 역시 불간섭의 자유는 누릴지언정 편안함을 누리기는 어렵다. 『한비자(韓非子)』에서 절대군주는 틀을 벗어나는 존재다. 그는 法의 외부에서 스스로 法이 되는 예외적 존재다. 그는 주위 사람들을 향한 경계의 눈초리를 거둘 수 없다. 자신의 생각이 노출되지 않도록 해야 하며 늘 의심하여야 한다. 틀 안에 안주하여 틀이 제공하는 편안함을 누릴 수 없다.[44] 위태로운 상태에서 벗어나 편안함을 얻을 수 있다는 점이야말로 禮라는 틀이 안전(安全), 안락(安樂)을 추구하는 인간의 욕망에 와닿는 지점이다. 자기통제는 어렵고 고되다. 쉽게 배울 수도 없고 익숙해지는 데 시간과 노력이 든다. 그럼에도 불구하고 개인이 자기통제가 필수적인 적극적 자유를 선택하는 이유가 있다면 그것은 安 때문이라는 것이 『예기』의 서론에 해당하는 가장 앞부분의 논점이다.

人有禮則安 無禮則危 故曰 禮者不可不學也
사람에게 禮가 있으면 편안하고 禮가 없으면 위험하다. 따라서 禮라는
것은 배우고 익히지[45] 않을 수 없다고 하는 것이다.
夫禮者 自卑而尊人 雖負販者 必有尊也 而況富貴乎 富貴而知好禮 則
不驕不淫 貧賤而知好禮 則志不懾
그러므로 禮라는 것은 스스로를 낮추고 남을 존중하는 것이다. 비록
(신분이 낮은) 장사치라도 반드시 존중함이 있어야 한다. 하물며 부귀한
사람은 더욱 그렇다. 부귀한 사람인데 禮를 좋아할 줄 알면 교만하지
않고 (삶이) 어지럽지 않을 것이다. 빈천한 사람인데 禮를 좋아할 줄 알
면 (자신의) 뜻한 바에 두려움이 없을 것이다.

개인 윤리의 차원에서 틀이 부여하는 자유는 자기통제로부터 얻어
지는 자유다.

  유가철학을 중심에 둔 동양철학이 주로 "관계 속의 인간"에 초
점을 맞추어 전개되었다는 사실이 시사하는 바는 바로 윤리학의
전제이자 출발점이다. 관계 속의 인간을 전제로 하고 관계 속에서
"어떻게 살 것인가"에 대한 생각으로부터 출발한다. 인간은 개인
(individual)으로 태어나지 않는다. 어머니와 연결된 탯줄을 달고 태어
나며 자신을 부르는 이름을 부여받고 자의식이 형성될 때쯤이면 수
많은 다른 사람들과의 연결이 자신을 구성하고 있다. 인간은 나누어

질 수 있는 많은 부분으로 구성되어 있다. 따라서 오히려 생각은, 인간이 산산이 나누어지지 않고 개인으로 살아갈 수 있도록 하는 방법에 집중된다. 인간은 다른 인간들과의 관계 속에서 태어나 개인으로 만들어진다. 요컨대, 유가철학을 중심에 둔 동양철학에서 인간은 다른 사람들과의 관계 속에서 태어나고 살아가고 죽을 수밖에 없는 존재라고 전제하고, 관계 속에서 개인으로 살아가는 방법, 개인들로 이루어진 사회를 구성하는 방법에 대해 생각한다.

논문 2: 개인의 관점에서 사회 윤리로서 禮

1. 서론

본 논문은 선행 논문, 「『순자(荀子)』에서 예와 평등」의 결론으로부터 시작한다.

> 분수(分數)에 따라 발생할 수도 있는 차등에 禮의 핵심이 있는 것이 아니라, 나눔 그 자체에 禮의 핵심이 있다고 보았다. 모여 있는 개인들을 分과 數로 떼어놓으면, '주어진 分數를 따를 것인가, 아니면 주어진 分數에 저항할 것인가'가 개인이 마주한 윤리 문제가 된다. 같은 시공간에서 다른 개인과 동일한 대상을 욕망한다는 검증되지 않은 믿음에서 출발한 지배와 종속을 놓고 벌이는 투쟁이나 상호 간섭은 일차적인 윤리 문제가 아니다. 禮의 목적은 개인 간, 집단 간의 차등에 따른 지배-종속 질서의 확립이 아니다. 分과 數로 무수히 갈려 있는 개인 간, 집단 간의 관계 속에서, 다른 개인이나 다른 집단에 대해 특정 개인이나 집단이 항상 지배적인 위치를 독점한다고 보기는 어렵다. 개인과 집단을 나누는 禮의 지향점은 비지배로서의 자유를 보장하는 평등이다.[46]

본 논문은 연구의 한계, 지면의 제약으로 인하여 충분히 뒷받침되지 못한 선행 연구의 주장을 구체적인 자료를 통해 보완하고자 하는 의도에서 기획되었다. 禮는 동양철학의 주요 개념으로, 학파에 따라 학자에 따라 禮에 대한 다양한 관점이 존재한다. 나눔(分)에 초점을 맞추어 禮를 설명하면, 禮란 개인과 개인, 집단과 집단을 갈라놓는 것이다. 나뉜 개인과 집단은 분류되고, 數가 부여된다. 개인은 부여받은 數에 따라 행동한다. 개인과 집단이 서로 나뉘어서 각각 부여된 數에 따라 움직이면 질서가 잡힌다. 이것이 禮다. 그런데 分과 數는 다분히 자의적이다. 서로 같은 것으로 여겨질 수도 있는 사람과 사물을 다르다고 하기도 하고, 다른 것으로 여겨질 수도 있는 사람과 사물을 서로 같은 것으로 규정하기도 한다. 따라서 分과 數는 일상의 실천을 통해서 확정·재확정되거나 혹은 변화한다. 개인과 집단은 예악전장제도(禮樂典章制度)를 통해 分과 數가 확정되고 변화하는 과정을 경험한다. 관념에서 실천에서, 分과 數에 의해 드러나는 차이는 종종 개인 간, 집단 간의 차등으로 연결되기 쉽다. 그러나 차이가 필연적으로 차등으로 귀결되거나 차이가 본래 차등을 목적으로 한다고 보기는 어렵다. 禮의 핵심을 나눔으로 본다면, 禮는 결국 개인과 집단이 서로 비지배의 상태를 유지함으로써 개인 간, 집단 간의 평등을 보장하는 기제라고 할 수 있다.[47]

본 논문은 『예기(禮記)』, 『의례(儀禮)』를 중심으로, "禮가 어떻게 개인에게 비지배로서의 자유를 보장하며, 이를 통해 평등을 도모하는가"를 살펴보고자 한다. 논의의 전개는 다음과 같다. 필립 페팃(Philip Pettit)이 제시한 "비지배"의 개념을 禮에 대입하여 이해한다. 이를 『예기』와 『의례』에 적용한다. 『예기』에서는 「곡례(曲禮)」편에 초점을 맞추어, 일상에서 禮의 실천에 나타난 비지배를 설명한다. 결론적으로, 『예기』 「곡례」편에서 발견되는 비지배의 양상은 "다른 사람에게 지배를 행사하려는 자신의 능력에 대한 통제"로 요약될 수 있다. 『의례』에서는 주요 의식의 행동지침에 나타난 비지배를 분석한다. 본 논문은 두 가지에 주목했는데, 첫째는 개인 간의 거리 유지이고, 둘째는 주빈(主賓) 관계에서 주도적 위치를 점유할 수 있는 주인에 대한 통제다.

2. 禮에서 비지배의 의미

자유를 "비지배"로 해석한 페팃의 정의에 따르면, 비지배란 "타인의 의지에 종속됨이 없는 상태"[48]를 가리킨다. 禮를 대입하여 다시 쓰면 다음과 같다. "공동체주의적 이상이라는 관점에서 禮로부터 발생하는 자유란 비지배의 자유인데, 이는 '타인의 부재가 아니라 지배를 행사하려는 타인의 능력에 대한 견제에 의해 발생하는 사회적 선'[49]이며, '각 취약계급의 관점에서 바라본 공공선'[50]이다."[51] 타인을 지배하려는 의지는 개인 누구나 가질 수 있다. 문제는 "지배할 수 있는 능력"이다. 개인과 개인 간의 관계, 집단과 개인 간의 관계, 집단과 집단의 관계에서 지배–피지배 관계란 지배할 수 있는 능력을 갖춘 쪽이 관계가 시작되는 때부터 정해져 있거나 혹은 상호작용을 통해 한번 정해지면 바뀌기 어려울 때 발생한다. 지배하는 쪽이 자주 바뀌는 관계나 지배당하는 쪽에서 언제라도 관계를 해소함으로써 피지배의 상태에서 벗어날 수 있는 관계는 문제가 되지 않는다. 그러나 살기 위해서 다른 사람을 필요로 하는 조건, 타인의 부재가 곧 생존 위기를 의미하는 조건에서 관계의 해소는 때로는 목숨을 걸어야 하는 문제이기에 쉽지 않다. 따라서 지배-피지배 관계란 한번 형성되면 쉽게 해소되지 않으며 관계에 따라서 사회악으로 발전할 수 있다. 지배를 행사하려는 타인의 능력에 대한 견제가 작동한다면 비록 그 관계가 지배-피지배 관계라도 사회악으로 발전할 가능성은 줄어든다. 개인이든 집단이든 관계 당사자들 사이에서 상호 견제가 불가능해지고 한쪽이 다른 한쪽을 일방적으로 지배하게 될 때 지배-피지배 관계가 형성되는데, 이때 지배당하는 쪽에서 지배하는 쪽을 견제할 수단이 없다면 이 관계는 사회악이 되기 쉽다. 따라서 "지배를 행사하려는 타인의 능력에 대한 견제"를 위한 제도적 장치가 필요하다. 지배당하는 쪽에서 지배하는 쪽을 견제하는 수단의 문제는 사회적 선, 정의에 관한 문제다.

3. 曲禮: 개인 간 일상의 禮

「곡례(曲禮)」는 『예기』의 첫 편인데 개인 간에 일어나는 일상의 禮에 대한 서술이다. 일상에서 경험하는 다양한 관계에서 개인의 "처신(處身)"에 대한 지침서다. 「곡례」의 첫 구절이자 『예기』의 첫 구절은 행동에 대한 경계의 말이다.

「곡례」에서 다음과 같이 말한다.

> 공경하지 않는 것이 없어서 (몸가짐에) 의젓하기가 생각하는 듯하고 말
> 을 안정되게 하면 백성을 편안하게 할 수 있다. 오만함을 자라게 해서는
> 안 되며, 욕망을 추종하기만 해서는 안 되며, 뜻을 가득 차게 해서는 안
> 되며, 즐거움을 끝까지 이르게 해서는 안 된다.[52]

오만함과 과한 욕망이 드러나는 행동, 자신의 의지를 관철하고자 하
는 행동, 쾌락을 지나치게 추구하는 행동은 다른 사람에게 자신을 강
요하는 행동이다. 오만함이란 다른 사람을 깔보는 태도다. 오만함이
드러나는 행동이란 다른 사람에게 자신의 우월함을 강요하는 행동
이다. 인간은 살기 위해서 자신의 욕망을 추구할 수밖에 없다. 그러
나 욕망을 따르는 데 급급하다 보면 다른 사람에게 직접적인 피해를
줄 가능성이 크다. 뜻이 가득 찬 상태란 자신이 옳다는 생각에 사로
잡혀서 의심의 여지가 없는 상태다. 다른 사람에게 자신의 생각을 따
를 것을 강요하게 된다. 즐거움을 극도로 추구하다 보면 다른 사람을
착취해서라도 자신의 즐거움을 충족하게 된다. 다른 사람을 공경하
는 행동이란 자신의 말과 행동을 삼가는 행동이다. 말과 행동을 삼가
면, 다른 사람에게 자신을 강요할 가능성이 적다. "행동이 의젓하고
말이 안정되다"라는 것은 행동과 말에 변화가 적고 일정하다는 뜻이
다. 행동이 예측 불가능하고 말이 종잡을 수 없으면, 사람들은 그 의
미를 알 수 없어서 눈치를 보게 된다. 다른 사람을 자신의 통제하에

두는 전형적인 방법이다.

　다른 사람에게 자신의 뜻이나 감정, 욕망, 즐거움을 강요하지 않고, 다른 사람의 뜻, 감정, 욕망, 즐거움을 자신으로부터 독립된 것으로 인정하는 행동이 다른 사람에 대한 공경이다. 특히, 백성을 통치하는 사람이 예측 불가능한 행동을 일삼고 말을 수시로 번복하면 백성은 통치자의 눈치를 보느라 자신의 삶을 영위할 수 없다. 통치자의 지배를 늘 의식하게 되기 때문에, 백성 자신의 의지와 판단에 의지하기 어렵다. 통치자가 백성의 생업과 생활의 세세한 부분까지 결정을 내려주고 지배력을 행사할 수는 없다. 백성들은 통치자의 결정을 기다리다가 우왕좌왕하게 된다. 백성의 생업과 생활에 막대한 지장이 생긴다. 『예기』가 공경 즉 "다른 사람을 지배하려는 행동에 대한 경계"로 시작한다는 점은 禮의 요체를 "비지배의 자유를 통한 공공선의 추구"로 볼 수 있는 주요한 근거다.

　『예기』가 사회제도로서 禮의 큰 틀이 아닌 개인 간의 세세한 행동지침으로 시작되며, "공경하지 않는 것이 없다(毋不敬)"는 말로 행동지침을 시작한다는 점에 의미를 부여한다면, 禮는 한마디로 敬이라고도 할 수 있다. 禮를 어떻게 해석하든, 자기자신을 낮추고 다른 사람을 높이며 말과 행동을 조심하고 삼가는 내용과 관련지을 수밖에 없다. 敬은 "행동을 삼가다", "다른 사람을 공경하다" 등의 뜻으로 쓰인다. "毋不敬"은 禮를 짧고 명확하게 정의한 구절로서 이후에 널리 인용된다.

　敬은 『예기』뿐만 아니라 유가철학의 주요 텍스트에서 중시되는 개념이다.『논어(論語)』에는 부모 섬김과 관련하여 敬이 자주 등장한 다.[53] 윗사람을 섬길 때에도 敬이 중요하지만[54] 일반적으로 나이와 지위에 상관없이 다른 사람을 대할 때 敬을 유지해야 한다. 공자가 제(齊)의 대부(大夫)인 안영(晏嬰)을 칭찬하며 "다른 사람과 잘 사귈 줄 안다. (관계가) 오래되어도 (여전히) 공경하는구나"[55]라고 하여, 인 간관계에서 한결같이 敬을 유지하기가 어렵지만 중요함을 강조하고 있다. 관계가 오래되면 敬을 유지하기 어려운 이유는 서로 친해지면 거리가 가까워지기 때문이다. 부모를 각별히 공경하여야 하는 이유 도 가까운 관계이기 때문이다. 敬을 유지하기 위해서는 일정한 "거 리두기"가 필요하다. 거리두기는 예컨대 다음과 같은 행동을 가리킨 다. "예는 망령되게 남을 기쁘게 하지 않으며, 말을 많이 하지 않는 다. 예는 언동에 있어서 절도를 유지하는 것이며, 남을 침노하여 업 신여기지 않으며, 친압(親狎)함을 좋아하지 않는다."[56] 특히, 경계를 넘어서는 행동은 아무리 그 의도가 좋아도 하지 않으며, 불가피하게 경계를 넘어서야 할 때는 신중하게 행동한다. 禮는 좋은 것이 좋은 것이 아니다. 서로 소원해야 하는 관계에서는 소원함을 유지해야 한 다. 잘해준다고 거리를 좁히면 칭찬받기는커녕 "남을 침노하여 업신 여기"는 행동으로 간주된다. 예컨대, 촌수로는 가까운 수숙(嫂叔) 관 계지만 서로 내외하는 것이 禮다. 수숙 관계는 친소(親疏) 관계를 따 질 때, 가까운 가족으로서 親에 해당하기에, 더욱더 "친압(親狎)함을 좋아하지 않는" 것이 禮가 된다. 거리두기에 실패하면 공경(敬)하지 않는 행동이 된다.『논어』에도 거리두기가 언급되어 있는데, "귀신을 공경하여 멀리하다"[57], "가깝게 하면 불손해진다"[58] 등의 행동지침은 敬의 실천과 거리두기와의 관련을 시사하고 있다.

　　뛰어난 사람은 편하게 막 대해도 되는 사람에게는 공경하며 두려워하게 되는 사람에게는 친밀하게 대한다.[59]

앞서 인용한 『예기』의 첫머리 "공경하지 않는 것이 없다(毋不敬)"에 이어지는 구절이다. 뛰어난 사람(賢者)은 다른 사람과의 관계에서 일정한 거리를 유지할 줄 아는 사람이다. 사회관계에서 자신이 지배적인 위치에 있는 경우는 상대를 편하게 대하기 쉬운데, 敬으로써 상대와의 거리를 둔다. 상대방이 지배적인 위치에 있는 경우는 두려워하여 관계 자체를 기피하게 되는데, 이때에는 친밀하게 대하려고 노력함으로써 관계가 단절되지 않고 이어지도록 노력한다. 禮란 관계의 친소(親疎)에 따라 그 "세세한 예법(曲禮)"이 정해지지만, 동시에 禮로써 관계의 친소(親疎)를 확정하는 기능이 있다.[60] 부자 관계, 군신 관계는 개인에게 주어진 사회적 관계다. 개인 대 개인이 경험하는 심리적인 거리와 무관하다. 사회적 관계의 가깝고 멂에 따라서 禮가 정해진다. 사회적 관계에 따라 禮가 정해지고 그 禮에 따라서 개인이 개인을 대하게 되면, 비로소 관계의 가깝고 멂이 확정된다. 예컨대, 심리적으로 가깝게 느끼던 친구 사이에 군신 관계가 성립되면, "일정한 거리"를 유지하게 된다. 주군이 된 쪽은 친구를 예전처럼 막 대하지 않고 공경하게 되며, 신하가 된 쪽은 주군을 두려워하기만 하지 않고 아껴주려(愛) 노력한다. 친구였던 두 사람이 변화된 사회적 관계의 친소에 따라 禮를 행하면서 비로소 둘 사이의 "거리"가 확정된다.

사회적 관계의 친소에 따라 정해지는 禮는 역으로 사회적 관계를 포함한 사회질서 전체를 확정한다. 이러한 禮의 역할과 기능에 대한 포괄적인 언급이 禮의 정의라 할 수 있는 "무불경(毋不敬)", 禮의 실천에 기본이 되는 거리두기에 이어진다.

> 도덕인의(道德仁義) 등은 禮가 아니면 이루어질 수 없다. 가르치고 풍속을 바로잡는 일도 禮가 아니면 완벽하게 잘할 수 없다. 싸움을 갈라 놓고 송사를 판단하는 일도 禮가 아니면 결정할 수 없다. 주군과 신하, 윗사람과 아랫사람, 부모와 자식, 형과 아우도 禮가 아니면 정해질 수 없다. 벼슬하기 위해 공부하며 스승을 섬길 때에도 禮가 아니면 친해질 수 없다. 조정(朝廷)을 나누고 군대를 다스리고 벼슬 살고 법을 집행함에 禮가 아니면 위엄이 행해질 수 없다. 제사 지내고 귀신을 공양할 때에도 禮가 아니면 정성스럽지도 못하고 정중하지도 못하다. 이런 까닭에 군자는 공경하고 절제하며 겸손하여 禮를 분명하게 하는 것이다.[61]

공경(敬)을 통한 적절한 거리두기의 실천을 의미하는 禮는 道, 德, 仁, 義 등을 실천하는 구체적인 행동지침이다. 禮의 실천은 다른 가치들의 실천에 필수불가결한 요소다. 道, 德, 仁, 義를 실천하는 행동은 동시에 禮의 실천이어야 한다. 禮에 어긋나는 행동을 통해 道, 德,

仁, 義를 실천할 수 없다. 道, 德, 仁, 義를 실천할 때, "군자는 공경하고 절제하며 겸손하여 禮를 분명하게" 하여야 한다. 禮는 풍속을 바로잡고 싸움을 갈라놓는다. 누가 주군과 신하인지, 누가 윗사람이고 누가 아랫사람인지 정할 때에도 禮를 참조한다. 禮는 개인과 개인을 구별하고 나누지만 동시에 가깝게도 한다. 벼슬하기 위한 공부를 함께 하는 사람들이 개별적으로 자신의 목적에만 집중하지 않고 서로 친교를 맺을 수 있는 것도 그러한 관계에 개입하는 禮가 있기 때문이다. 禮는 적절한 거리를 통해 개인 간의 관계를 확정하고, 이러한 관계를 개개인의 "공경하고 절제하며 겸손"한 실천을 통해 유지하는 기능을 한다. 사회적 관계의 확정과 유지는 사회질서의 기초가 되어, 정부를 구성하고 군대를 지휘하며 법을 집행하는 일을 가능하게 한다. 정부에서 자신의 지분에 주어진 일이 아닌 다른 직분의 일을 넘보거나 군대가 민간의 영역을 침범하거나 법 집행에 월권이 있다면 사회질서는 위태로워진다. 공경, 절제, 겸손은 개인이 다른 개인과 거리를 두고 자기자신의 일에 집중하는 삶의 태도다. 다른 사람을 공경하여 그의 영역을 침범하지 않으며, 다른 사람의 영역을 넘보지 않고 자신의 일에 집중하도록 스스로를 절제하고, 자신의 일만으로도 자신의 능력에 벅차다고 여겨서 겸손한 사람이 禮를 실천하는 사람이다.

조문하는데 부의(賻儀)를 낼 수 없으면 그 (장례) 비용을 묻지 말아야 하며, 병문안하는데 증여를 할 수 없으면 그 하고자 하는 바를 묻지 말아야 하며,[62] 사람을 만나는데 숙소를 내줄 수 없으면 그 묵는 곳을 묻지 말아야 한다. 남에게 무엇을 주려는 자는 와서 가져가라고 말하지 않아야 하며, 남에게 증여하는 자는 그 하고자 하는 바를 묻지 않아야 한다.[63]

禮의 시행 세칙 중 가장 중요하다고 볼 수 있는 "공경"은 "지배를 행사하려는 자신의 능력에 대한 견제"다. 지배를 행사하려는 자신을 견제하는 방법 중 하나는 앞서 언급한 "다른 사람과의 적절한 거리 두기"다. 서로 필요 이상으로 영향을 주고받는 환경을 가급적 만들지 않는 것이다.

禮는 관계의 평등을 지향한다. 禮는 호혜적이며 관계의 쌍방 간에 공평함을 도모하는 실천이다. 禮는 "개인이 살아가는 방법"이 아니라 "개인으로서 다른 개인과 살아가는 방법"이기 때문이다.

禮는 오고 가는 것을 숭상한다. 갔는데 오지 않는 것은 禮가 아니다. 왔는데 가지 않는 것도 禮가 아니다.[64]

일상의 禮에서 호혜성은 오는 행동에 준하여 가는 행동을 결정하는 방식으로 나타난다. 이때, 禮는 일종의 저울로써, 오는 행동을 저울에 달아서 이에 상응하는 행동을 알려준다. 오는 행동과 상관없이 한결같은 행동으로 답하거나 무조건 상대를 최대한 높이는 것은 禮에 어긋난다.

어른을 모시고 음식을 먹을 때에 주인이 친히 음식 대접을 하면 절하고 먹으며, 주인이 친히 대접하지 않으면 절하지 않고 먹는다.[65]

禮를 아랫사람이 윗사람에게 행하는 일방적인 공경으로 해석한다면, 이는 禮의 본질을 심각하게 왜곡한 것이다. 禮는 오히려 그 역을 의미한다. 지배할 수 있는 능력을 가진 사람이 자신의 지배력을 통제하는 것. 그것이 禮다. 부모와 연장자에 대한 공경을 禮에서 특별히 강조하는 이유 역시 "다른 사람에게 지배를 행사하려는 자신의 능력에 대한 통제"의 맥락이다. 인간은 10대 후반에서 20대 초반에 육체적 능력이 최고점에 달한다. 어린 시절을 벗어나 성인이 미처 되기도 전에 다른 연령대의 사람들을 육체적 힘으로 누를 수 있게 된다. 농경사회에서 생산력과 직결되는 재생산 능력 역시 이 연령대에서 최대치에 도달한다. 젊은 사람은 육체적인 능력 면에서 부모와 연장자를 압도한다고 할 수 있다. 경제적인 면에서도 현재 생업을 담당하는 젊은 사람이 지배력을 행사할 수 있다. 극단적으로 말해서, 젊은 사람은 부모를 포함한 연장자에게 폭력을 행사하거나 연장자를 굶길 수 있는 지배력을 가지고 있다. 젊은 사람이 갖게 될 수밖에 없는 육체적·경제적 지배력을 사회적으로 억누르는 장치가 禮다. 禮를 통해서 젊은 사람은 연장자에게 지배를 행사하려는 자신의 능력을 통제하게 된다. 禮가 구성하는 사회질서 속에서 육체적·경제적 약자에 속하는 부모, 연장자들은 "공경"을 통해 보호된다.

「곡례」가 초점을 맞추는 일상의 禮에서 호혜성은 사회질서의 정점에 있는 최고 통수권자도 예외가 아니다. 군주도 아랫사람에 대한 禮를 갖춘다. 아랫사람과 백성에 대한 禮를 갖추지 않는 군주는 군주의 자리를 잃을 수 있다.

일반적으로, 조문하는 때가 아니거나 國의 군주(國君[66])를 뵙는 때[67]가 아니면 답배(答拜)하지 않는 때는 없다. (통상) 대부가 國의 군주를 뵈면, 군주는 그 노고에 대해 절한다. 士가 대부를 뵈면, 대부는 그 노고에 대해 절한다.[68]

유가철학에서 인간관계의 기본은 부모자식 간의 관계와 군신(君臣) 관계다.[69] 부모자식 간의 관계는 사(私)적인 관계의 기본이고 군신 관계는 공(公)적인 관계의 기본이다. 관계의 평등은 공적인 관계에서나 사적인 관계에서나 동일한 일반원칙이다. 어느 한쪽의 일방적인 희생을 강요하거나 어느 한쪽의 지배를 허용하는 관계는 禮가 아니다. 그러나 『예기』에서 부모자식 간의 사적 관계와 군신 간의 공적 관계에는 결정적인 차이가 있다. 신하는 군주를 떠남으로써 관계를 단절할 수 있다. 잘못을 고치지 않는 군주라면 떠나는 것이 禮다. 그러나 자식은 부모를 버릴 수 없다.

남의 신하됨의 禮는 드러내놓고 잘못을 지적(諫)하지 않는다. 세 번 지적해도 듣지 않으면 떠난다. 자식이 부모를 모시는 것에는 세 번 잘못을 지적해도 듣지 않으면 소리 내어 울고 (부모의 뜻을) 따른다.[70]

공적 영역과 사적 영역에서 서로 다른 도덕률이 적용되는『예기』의 이러한 관점은 유가철학의 일반적인 관점이기도 하다. 부모자식 간의 禮는 恩(은), 군신 관계는 敬이 핵심이다. 사적인 관계는 원초적 감정이 관계의 중심에 항상 존재한다. 특히, 부모자식 간의 관계는 개인이 선택할 수 없는 관계이면서 일방적인 관계이기도 하다. 자식이 어릴 때는 자식이 부모에게, 부모가 늙으면 부모가 자식에게 일방적으로 의존하게 된다. 자식이 어릴 때 부모가 자식을 버리면 관계는 끝난다. 그러나 자식이 어릴 때 부모가 자신을 희생하였음에도 불구하고 자식이 늙은 부모를 버리면 그 관계는 공평하지 않다. 恩은 일어날 수도 있는 일방적인 불공평함에 대한 경계다. 공적인 관계는 계약 관계다. 감정보다는 말과 약속이 중요하며 계약이 파기되면 관계도 끝난다.『맹자(孟子)』의 유명한 구절, "주군이 큰 잘못이 있으면 잘못을 지적(諫)한다. 반복해도 듣지 않으면 주군을 갈아치운다.(君有大過則諫 反覆之而不聽 則易位)"는 군신 간의 관계가 부모자식 간의 관계와는 다른 계약 관계임을 시사한다. 자식으로서 부모의 잘못은 자식도 함께 짊어져야 한다. 자식에게 부모를 희생하고도 지켜야 할 가치란 없다. 그러나 신하로서 주군의 잘못은 반드시 고쳐야 할 문제에 지나지 않는다. 문제가 고쳐지지 않으면 문제의 근원을 제거한다. 신하에게는 주군을 과감히 희생하고 지켜내야 하는 가치가 있다. 백성이다.

4. 儀禮: 주요 의식의 행동지침으로서 禮

이 장에서는 "지배를 행사하려는 타인에 대한 견제 장치로서의 禮"에 대하여 『의례(儀禮)』를 중심으로 살펴보고자 한다. 총 17편으로 구성된 『의례』는 사(士)로 대표되는 중추 관리 계급을 중심으로 천자(天子) 및 공경대부(公卿大夫) 등 국가의 주요 의식을 주관하고 참여하는 사회지배층의 행동지침을 기록한 책이다. 『예기』「곡례」와는 달리, 禮에 관한 정의나 의미보다는 행동지침에 초점이 맞추어져 있다. 관계의 평등을 지향하는 禮를 "타인의 부재가 아니라 지배를 행사하려는 타인의 능력에 대한 견제에 의해 발생하는 사회적 선"의 지향이라고 해석할 때, 『의례』의 행동지침은 "지배를 행사하려는 타인의 능력에 대한 견제"의 기능을 포함한다.

비지배에 대한 페팃의 정의에서 주목할 점은 견제의 대상이 "타인의 욕망"이 아니라 "타인의 능력"이라는 점이다. 다른 사람을 지배하고자 하는 욕망만으로는 다른 사람을 지배할 수 없다. 다른 사람을 지배하고자 하는 욕망이 있으며 동시에 지배할 수 있는 능력이 있는 사람이 문제가 된다. 혹은, 다른 사람을 지배하고자 하는 욕망이 전혀 없는데도 불구하고 본의 아니게 다른 사람에게 지배를 행사할 수도 있다. "지배를 행사하려는 타인의 능력"을 좀 더 확대해석하면, 지배를 행사하려는 의도가 없음에도 불구하고 지배를 행사할 수 있는 능력이 있고 그 능력을 규제하지 않을 때 지배를 행사하려는 타인의 능력이 발휘될 수 있다. 앞에서 살펴본 바와 같이, 다른 사람에게 지배를 행사하려는 능력이 자신에게 있음을 자각하고 스스로 자신의 능력을 규제할 수도 있다. 그러나 자기성찰에 따른 자기제어에만 의존할 수는 없다. 따라서 지배를 행사하려는 타인의 능력을 견제하는 제도적 장치가 필요하다.

지배를 행사하려는 타인이란 법을 무력화시키는 타인이며 공정해야 할 저울(權)이 형세(勢)의 영향을 받게 하는 타인이다.[71] 법을 무력화시킬 능력이 있는 개인이 문제가 되는 경우, 일대일의 관계에서 상대방을 지배하려 하지 않는 노력보다는 사회 전체 시스템에서 지배를 행사할 수 있는 능력과 힘을 가진 사람들에 대한 제도적 견제가 중요하다. 禮가 관계의 평등을 지향하는 체제라고 할 수 있는 근거는 禮가 제공하는 행동지침이 사회 전체 시스템 안에서 지배를 행사할 수 있는 타인에 대한 제도적 견제를 중심에 두고 있기 때문이다. 『의례』는 국가의 주요 의식에 필요한 행동지침에 초점을 맞추고 있기 때문에 의식에 참여하는 직결된 지배층 간의 관계를 보여준다. 지배층 간의 상호 견제에 따른 힘의 균형이 국가의 유지와 발전에 절대적인 영향을 미친다는 점은 주지의 사실이다. 『의례』는 국가의 주요 의식을 통해 지배층 간의 힘의 균형을 확인함으로써 국가의 안정과 발전을 도모한다는 방법에 관한 서술이다.

『의례』에 기록된 행동지침을 특징적으로 보여주는 글자는 辭다. 『예기』 「곡례」에서 개인의 처신에 敬을 강조했다면, 『의례』의 행동지침에는 辭가 필수불가결한 요소로 등장한다. 흔히 사양한다라고 해석되는 辭(사)는 아니다라는 뜻을 전달하는 말과 행동이다. 요청에 대한 **거절**이다. 상대가 접촉해올 때 일단 거절하며 피하는 것이 辭다. 선물을 보내며 관계 맺기를 청할 때, 선물 받기를 거절함으로써 관계 맺기를 거부하는 것이 辭다. 선물 받기를 거절하면 관계는 단절되거나 혹은 기존의 거리보다는 멀어진다. 그러나 거절이 수락을 정당화하기 위한 절차일 때, 거절의 절차를 생략하면 수락은 정당한 것이 아니게 된다.

辭는 친압(親狎)을 방지함으로써 관계를 지속시킨다. 아니다라는 의미의 辭는 역설적으로 관계 맺기를 매끄럽게 하기 위한 禮의 요소다. 관계를 지속하기를 원할 때에도 혹은 관계의 단절을 원할 때에도 辭는 관계의 쌍방이 관계를 가볍게 여기지 않고 관계에 최선을 다한다는 의미를 전달하는 행동지침이다. 일단 아니다라는 뜻을 전달함으로써, 관계의 쌍방이 공정하고 떳떳한 관계를 맺도록 행동한다.[72]

모든 관계에서 辭가 허용되는 것은 아니다. 명을 받으면 즉시 복종해야 하는 관계도 있다. 그러나 『의례』 전반에 걸쳐 拜(배)와 더불어 辭는 禮의 행동지침에 필수불가결한 요소다. 제후 간에 사신을 보내어 안부를 묻는 「빙례(聘禮)」의 처음도 辭로 시작한다.

군주와 경(卿)이 일을 계획하고 이어서 사신을 임명한다. 사신으로 임명된 사람은 두 번 절하고 머리를 조아리며 사양한다. 군주는 허락하지 않는다. 이에 자리로 물러난다. 이미 일을 계획한 대로 사신의 보좌관을 임명하는데 똑같이 한다.[73]

辭는 의미보다는 형식으로 이해되어야 하는 개념이다. 辭는 사양하다, 거절하다라는 의미를 전달하는 행동이 아니라 관계 맺기에서 시간과 공간을 확보하는 행동이다. 辭는 시간 벌기다. 관계의 성격을 한 번의 상호작용으로 성급하게 결정하지 않고 관계의 쌍방 간에 거절과 거절을 거듭함으로써 신중하게 결정하기 위한 행동지침이 辭다. 辭는 상대방과의 적절한 거리를 확보하기 위한 행동지침이다. 상대방과의 친소(親疏), 연령, 계급, 성별 등에 따라 辭의 횟수가 달라진다. 禮를 기반으로 한 인간관계에서 관계의 쌍방 간에 적절한 공간 확보는 필수적이다. 특정 관계에 해당하는 적절한 공간이 확보되지 않은 상태가 흔히 말하는 문란(紊亂)한 상태다.

辭는 아랫사람이 윗사람에게만 행하는 것은 아니다. 辭를 통한 적절한 거리두기에는 관계의 쌍방이 참여함으로써 자신과 상대방의 떳떳함을 확보한다. 「공사대부례(公食大夫禮)」는 공(公)이 자신보다 신분이 아래인 대부(大夫)를 손님(賓)으로 맞이하는 禮다.

公이 두 번 절하면 賓은 피했다가 두 번 절하고 머리를 조아린다. 公이 읍하고 안으로 들어가면 賓은 뒤를 따른다. 사당의 문에 이르면 公이 읍하고 들어가고 賓도 들어간다. 세 번 읍하고 계단에 이르면 세 번 서로 사양하다가 公이 두 계단 오르면 賓도 오른다.[74]

禮는 윗사람이 아랫사람을 마음대로 하며 아랫사람에게 지배력을 행사하지 못하도록 하는 장치다. 윗사람은 아랫사람과 마찬가지로 절하고 사양하여 아랫사람을 존중한다. 단, 절하고 사양하는 횟수, 시기 등을 조절하여 윗사람과 아랫사람의 차이를 확인한다. 禮가 관계의 쌍방의 거리를 조절한다는 점을 상기할 때, 동일한 상황에서도 자신의 처지에 따라 행동은 다르다. 행동을 통해 적절한 거리를 확보하여 상대를 견제한다는 목적은 같지만 적절한 거리도 다르고 적절한 거리를 위해 취해야 하는 행동도 다르다.

처음으로 임금을 만나볼 때에는 예물을 가지고 임금의 처소에 이르러 용모를 더욱 공경히 하여 조급한 듯 해야 한다. 서인(庶人)이 임금을 만나볼 때에는 주춤거리지 말고 나아가고 물러나는 것을 신속하게 해야 한다. 사(士)와 대부는 예물을 내려놓고 재배하고 머리를 조아린다. 임금은 일배(一拜)로써 답한다. 만약 다른 나라의 사람이 찾아와 뵈올 때에는 임금은 빈자(擯者)[75]를 시켜 그 예물을 돌려주면서 말하게 한다. "과군(寡君)이 아무개로 하여금 그대의 예물을 돌려주라고 하였습니다." 빈(賓)이 대답한다. "임금께서는 그 외신(外臣)을 두셨으니 신하는 감히 사양하지 못하겠습니다." 이에 재배하고 머리를 조아린 후 예물을 받는다.[76]

동일한 상황에서 자신의 처지에 따라 다른 행동을 취함으로써 상대와의 적절한 거리를 확보함은 물론 사회적인 위계를 재확인한다. 君은 유일무이한 최고 통수권자라는 점에서 특별하다. 따라서 몸 둘 바를 모르는 듯 행동해야 함으로써 주군의 권위에 복종한다. 서인으로부터, 士, 대부, 다른 나라를 대표하여 방문한 賓에 이르는 순서는 신분이 낮은 순서로부터 높은 순서이며, 君은 뒤로 갈수록 더욱 공경을 표하는 행동을 한다. 자신의 행동뿐만 아니라 관계의 상대방인 君의 행동에 의해 사회적 위계가 재확인된다.

『의례』에 기록된 의식 전반에 걸쳐 두드러지는 관계는 주인(主人)과 손님(賓)이다. 『의례』의 각 장들은 각각의 의식에서 주인이 빈을 맞이하는 절차와 방법을 상세하게 기술하고 있다. 주인이 빈을 만나는 시점은 "지배를 행사하려는 타인의 능력에 대한 견제"가 필요한 시점이다. 주인은 빈(賓)에 대해 지배를 행사할 수 있는 능력을 갖추고 있다. 행사를 주관하는 사람은 주인이다. 또한, 주인은 자신이 점유한 공간에서 자신이 속한 사회의 사람들과 빈을 맞이한다. 통상적으로 빈은 주인에 비해 공간에 대해서 무지하며 수적으로도 열세다. 이러한 상황에서 주인의 행동은 빈의 처지에서 보면 자신에 대해 지배를 행사하려는 것처럼 느껴지기 쉽다. 따라서 禮는 빈을 높이고 주인을 낮춤으로써 지배를 행사할 수 있는 주인의 잠재적 능력을 견제하고 주인과 빈의 관계에서 평등을 도모한다.

빈자가 문밖으로 나가 어떤 일로 왔는지 묻고는 들어와 주인에게 고한다. 주인이 빈(賓)과 동일한 의복을 입고 대문 밖으로 나가서 맞이하는데 주인은 두 번 절하고 빈은 답배하지 않는다. 서로 읍(揖)하고 문안으로 들어간다. 사당문에 이르러 서로 읍하고 들어가는데 세 번 읍한다. 계단에 이르면 세 번 사양한다. 주인이 빈과 함께 당에 올라가 서면(西

面)하면, 빈이 서쪽 계단으로 올라가 기둥 아래 이르러 동면(東面)하고 명령을 전한다. 주인이 동쪽 계단의 위에서 북면(北面)하고 재배한다. 두 기둥 사이에서 기러기를 주는데 남면한다. 빈이 당에서 내려와 나가면 주인이 당에서 내려와 늙은 가신에게 기러기를 건네준다. 빈자(擯者)가 따라 나와서 남은 일이 있는지 묻는다. 빈이 기러기를 들고 청하여 여자의 이름을 묻는다.[77] 주인이 허락하면 빈이 문안으로 들어와 기러기를 주고 처음에 하던 禮와 똑같이 한다. 빈자(擯者)가 나와서 물으면 빈이 일이 끝났다고 고한다. 빈자(擯者)가 안으로 들어가 주인에게 고하고 다시 나와서 빈에게 단술을 함께할 것을 청한다. 빈은 예로써 사양하고 허락한다.[78]

위 인용문은 士가 혼인하는 禮를 기록한 「사혼례(士昏禮)」의 시작 부분이다. 신랑 측에서 신부 측에 예물을 보내는 납채(納采)로부터 시작한다. 납채를 간단히 요약하면, 신랑 측이 賓으로 신부 집에 가서 기러기를 전하고 신부의 이름을 묻고 주안상을 받고 나오는 의식이다. 그런데 위의 예문에서 보는 바와 같이, 이 간단한 일을 위해 빈과 주인은 절하고 사양하기를 반복한다. 심지어는 집에 들어갔다 나왔다를 반복한다.

5. 결론: 禮에서 견제적 민주주의의 가능성

『예기』, 『의례』, 『주례(周禮)』를 삼례(三禮)라 한다. 가공언(賈公彦)이 『의례의소(儀禮義疏)』 서문에서 "『주례』는 말(末)이 되고 『의례』는 본(근본)이 된다. 본(本)은 밝히기가 어렵고 말(末)은 간편하고 깨닫기 쉽다"[79]고 『주례』와 『의례』의 관계를 밝힌 바 있다. 여기에 『예기』를 덧붙여, "의례는 예의 근본이고 주례는 예의 말단이고, 예기는 의례의 기문(記文)"[80]이라고 말하기도 한다. 행동지침으로서 禮에 집중하여 기술된 『의례』에는 그러한 행동이 갖는 의미 및 기능에 대한 서술은 거의 찾아보기 어렵다. 『의례』에 열거된 행동지침을 이해하기 위해 부득이하게 다른 문헌을 참고하게 되는데, 『예기』에 나오는 禮의 정의, 행동지침에 대한 설명 등이 주요한 근거가 된다. 이러한 맥락에서, 『예기』를 『의례』의 의의를 설명한 일종의 서문에 해당하는 기문(記文)으로 볼 수 있다.

관계의 평등을 조율하는 기제로서 禮에 초점을 맞추면, 三禮의 관계를 견제적 민주주의라는 관점에서 새롭게 볼 수 있다. 三禮는 견제적 민주주의를 일상에서 발생하는 개인 대 개인의 관계로부터 공적 영역에서의 사회적 지위 및 역할 간의 관계, 그리고 국가의 통치 제도에서 요청되는 권력의 분립에 이르기까지 타인을 지배하려는 자신의 욕망 및 능력을 스스로 통제하는 동시에 "타인의 부재가 아니라 지배를 행사하려는 타인의 능력에 대한 견제에 의해 발생하는 사회적 선"[81]을 추구하는 제도적 장치로서의 禮에 대한 기획으로 이해할 수 있다.

관용은 불간섭의 자유가 갖는 한계를 보여준다. 타인의 부재로 인한 자유, 타인으로부터 간섭과 방해를 받지 않는 자유는 타인에게 의존해서 살아가는 현실 사회에서 실현 불가능한 경우가 많다. 더욱이 공동체의 이상(理想)은 타인과의 소통과 협력을 요구한다. 타인의 존재로 인한 자유의 침해를 적당히 용인하지 않으면 공동선의 추구는 고사하고 공동체 자체가 유지되지 않는다. 관용은 나의 존재가 타인의 자유를 침해할 경우에 대하여 타인으로부터의 간섭과 방해를 일정 정도 용인하는 행동이다.

불간섭의 자유가 한계를 노출하는 지점이 관용이라면 비지배의 자유는 관용의 바로미터다. 비지배의 자유가 안정적으로 보장될수록 관용이 통상적으로 행해질 가능성이 커진다. 역으로, 타인으로부터 받는 간섭과 방해에 대하여 관용의 행동을 기대하기 어려운 사회라면 비지배의 자유가 보장되지 못하는 사회라고 해석할 수 있다. 타인으로부터 받는 간섭과 방해가 지속되는 상황은 타인에게 지배당하는 상황이다. 타인에 대한 관용의 행동은 비지배의 자유가 보장되지 않는다면 취하기 어렵다.

관용은 견제에 의해 발생하는 사회적 선의 하나다. "지배를 행사하려는 타인의 능력"을 적절하게 견제함으로써 타인과의 관계에서 관용의 행동을 기대할 수 있다. 상호 견제에 의한 비지배의 자유가 보장되는 상황에서라면 때때로 상호 불간섭의 자유가 침해당할 때에 관용을 기대할 수 있다. 불간섭의 자유가 한계를 맞을 때마다 저항과 분쟁을 촉발한다면 공동체적 삶은 불가능하다.

3장

방법론적 이기주의

세계를 인지하는 방식

개인들로 이루어진 사회란 어떤 모습인가? 이 책에 실린 연구들은 이 질문으로 수렴된다. 2장의 끝에 언급하였듯이, 소위 동양철학에서는 다른 사람과의 관계 속에서 태어나고 살아가고 죽는 인간이 인간학의 중심이 된다. 서양 근대철학이 강조한 독립적이고 자족적인 개인이라는 개념은 현대사회에서는 선택하고 책임지는 개인이 사회의 근간을 이룬다는 전제로 비약된다. 선택하고 책임지는 개인은 독립적이고 자족적이기에 다른 사람들의 선택에 끌려가거나 다른 사람들에게 책임을 전가하지 않는다. 이러한 전제는 법적 효력을 지니고 사회를 구성하지만 개인의 일상에서 늘 효력을 발휘하지는 못한다. 일상에서 개인은 다른 사람의 선택에 휘둘리고 자주 다른 사람에게 책임을 전가한다. 따라서 선택하고 책임지는 개인이라는 전제는 휘둘리기에 무책임해질 수밖에 없는 개인의 현실에서 볼 때, 비약이다.

서양 근대철학에서 제시한 독립적이고 자족적인 인간에 대하여 동양철학에서 전제한 관계 속의 인간이라는 오리엔탈리즘의 이분법은 "세계가 하나의 준거로 작동하는" 21세기 현대 철학에서는 더 이상 통용되지 않는다. 서양철학에서 관계 속의 인간을 전제한 철학자 중 악셀 호네트를 꼽을 수 있다. 그는 다른 사람과의 관계 속에서 태어나고 살아가고 죽는 인간 존재가 독립적이고 자족적인 근대인이라는 이상 앞에 망각되고 있음을 비판한다. 그의 후속 커뮤니케이션은 물화 개념으로 정리할 수 있다.[82] 그는 관계 속의 인간에 대한 선행 연구로 마르틴 하이데거(Martin Heidegger)와 존 듀이(John Dewey)를 지시(refer)[83]한다. 하이데거의 "마음씀", 듀이의 "상호작용"의 개념은 그의 "인정" 개념과 연결된다. 호네트는 듀이의 "상호작용"은 세계에 대한 "자기관련적, 자기중심적 태도가 아니라, 가능한 한 마찰이 없고 조화로운 교류에 대한 관심에서 나오는, 상황 속의 모든 요소에 대한 염려(bekümmertsein)라는 것을 분명히 해준다"[84]고 말한다.

이 세계는 우리 자신에 대한 마음씀 속에서 개시되는 것이 아니고, 오히려 우리가 상황을 체험하는 것은 환경세계와의 물 흐르는 듯한 상호작용을 보전하고자 하는 마음씀에서라는 것이다. 나는 세계 관련성의 이러한 근원적인 형식을 앞으로 "인정"이라고 부르겠다. 이를 통해 여기서는 잠정적으로, 우리가 행위할 때 일단은 감성적으로 중립화된 인식의 자세에서가 아니라, 지지하고 염려하는 실존적으로 채색된 태도에서 세계와 관계 맺는다는 사실을 강조하고자 한다. 우리를 둘러싸고 있는 세계의 요소들에 대해서 우리는 우선 항상 고유가치를 부여하는데 이것이 우리로 하여금 그것들과의 관계를 염려하게 만든다. 이런 한에서 인정 개념은 이런 기초적 수준에서 듀이의 "실천적 관여"뿐만 아니라 하이데거의 "마음씀", 루카치의 "공감"과도 기본 생각을 공유하고 있다. 세계가 가치로 가득 차 있다는(Werthaftigkeit) 경험을 자양분으로 하는, 세계에 대한 실존적 관심의 우선성이라는 생각 말이다. 그러므로 인정하는 자세는 다른 사람이나 물건이 우리 현존재의 생활에 대해 갖고 있는 질적인 의미에 대한 적절한 가치평가의 표현이다.[85]

"이 세계는 우리 자신에 대한 마음씀 속에서 개시되는 것이 아니"라는 말은 세계와 맺는 관계가 자기중심적이 아니라는 뜻이다. 데카르트의 방법론적 회의에 따른 세계 인식을 정면으로 반박하는 말이다. 데카르트의 코기토가 파악하는 코기토 이외의 세계는 코기토의 관찰에 불과하며 극단적으로는 환영일 수도 있다. 이 관계는 일방적이다. 코기토는 코기토 이외의 세계를 관찰한다. 호네트는 코기토가 세상과 만나는 방식이 데카르트의 방법론적 회의가 시사하는 코기토 중심의 일방적 관계가 아니라 상호 관계라고 말한다. 1장에서 말한 "인정의 우선성"에 따르면, 코기토는 애초에 코기토 이외의 세계에 의해 형성되었으며, 형성된 이후에도 "환경세계와의 물 흐르는 듯한 상호작용을 보전하고자 하는 마음씀"을 가지고 환경세계와의 끊임없는 상호작용, 즉 인정에 의해 변화해간다. 코기토는 독립적일 수 없으며 인정에 의존한다. 코기토와 코기토의 관찰 대상과의 관계는 "물 흐르는 듯한" 관계이므로 항상 이루어진다. 어떤 시점에 수문을 설치하고 물 흐름의 양방향을 의식적으로 관찰하지 않는다면, 다시 말해서 코기토의 관찰을 관찰하지 않으면 인지하기조차 어렵다. 호네트는 이 인지의 방식을 문제화하여 물화 개념을 설명한다.

"인정 투쟁"이라는 개념으로 잘 알려진 호네트는 "자기 관계를 인지주의적으로 파악하고자 하는 시도"[86], 즉 인지모델을 통해서 자기 물화와 인정의 대립을 설명한다. 앞의 인용문에 따르면, 인정은 "다른 사람이나 물건이 우리 현존재의 생활에 대해 갖고 있는 질적인 의미에 대한 적절한 가치평가"이며 다른 사람이나 사물에 대한 관심과 배려에서 비롯된다. 인정 투쟁은 사람과 사물이 갖는 고유의 가치를 인정받기 위한 투쟁이며 "실천적 관여"를 끌어내기 위한 투쟁이다. 그는 물화를 인정 망각이라 정의하는데, 선행하는 인정에 의존하는 코기토가 이러한 의존을 망각하는 상태가 자기 물화다. 인지모델은 탐색주의적(detektivistisch) 모델, 구성주의(constitutivism) 모델, 그리고 표현주의(expressionism) 모델로 나눌 수 있는데, 탐색주의적 모델과 구성주의 모델이 자기자신을 물화하는 과정에 해당한다.

첫째 경우에 주체는 자신의 심리상태를 경직되고 고정되게 주어진 것으로 경험하는 한편, 둘째 경우에는 심리상태를 생산가능한 것으로, 그래서 그것의 성격을 상황에 따라 바꿀 수 있는 것으로 여긴다. 여기서 이렇게 정식화를 한 것은 우연이 아니라 자기물화 현상과의 연결을 쉽게 하기 위해서다. 탐색주의나 구성주의에 붙잡혀 있는 자기관계의 형식은, 이 두 경우 모두 내적으로 체험된 상태가 물적으로 주어진 객체란 본에 따라 파악되기 때문에, 자기자신을 물화하는 과정이다. 이 두

유형의 차이는, 자신의 감정과 느낌이 전자의 경우에는 내면에서 이미 완결되고 고정된, 그래서 발견하면 되는 대상으로 체험되는 반면, 후자의 경우에는 도구적으로 비로소 생산될 수 있는 것으로 여겨진다는 것 뿐이다.[87]

구분 자체로는 명확한 모델을 이 책의 용어로 풀어보자. 첫 문장에 나오는 주체는 자신의 심리상태를 경험하는 나이므로 이 책에서 코기토에 해당한다. 코기토는 자신의 감정, 생각, 신체의 떨림 등이 뒤죽박죽된 심리상태를 관찰한다. 탐색주의적 모델을 따르는 코기토라면 일단 심리상태를 관찰하기 위한 틀을 외부에서 가져온다. 그리고 그 틀을 결정론으로 받아들인다. 분노로 자주 흥분하는 자신의 심리상태를 관찰할 때, 혈액형이 B형이라 다혈질이라거나 MBTI에 F라서 감정적이라거나 사주에 불이 많아서 감정 기복이 심하다는 식으로 관찰한 후, 이를 개선하기 위한 방법 역시 틀에 맞춰서 찾는다. 고정된 자기자신이 있다고 보고 자신을 바꾸는 방법 역시 나를 찾아내는 탐색, 나를 찾아 떠나는 여행에서 구하는 사람들이다. 스스로의 심리상태를 고정된 것으로 파악하는 동시에 다른 사람들의 심리상태 특히 나를 향한 그들의 심리상태 역시 고정된 것으로 파악하는 코기토는 다른 사람들과 함께 서로를 배려하고 인정하는 관계 속에서 자신을 관찰하려 하지 않는다. 코기토는 스스로를 다른 사람과 사물로부터 영향받지 않는 독립된 존재로 관찰한다. 다른 사람들과의 관계 속에서 왜곡되고 억압된 내가 아닌 그들로부터 독립적인 진정한 나를 발견한다면 참된 삶을 살게 될 것이라고 믿는다.

　구성주의 모델은 자신을 찾지 않고 만드는 모델이다. 심리상태를 관찰하기 위한 틀을 외부에서 가져오는 것은 탐색주의적 모델과 같다. 차이는 이 틀의 활용이다. 구성주의 모델에서는 이 틀로 현재의 심리상태를 관찰하지 않고 미래의 심리상태를 설계한다. 매년 많은 사람들을 작가로 만들어주고 베스트셀러의 목록을 갈아치우며 독자들에게 꿈과 희망을 가져다주는 자기계발서가 그 틀을 제시한다. 나는 될 수 있다. 나는 될 것이다. 지금 나의 심리상태는 평가에 좌절하고 불안에 떨고 열등감에 작아지지만 앞으로의 나는 다를 것이다. 자기계발을 통해서 미래의 나는 평가 앞에 당당하고 불안하기보다는 위험을 즐기며 성취감을 느끼는 성숙한 심리상태를 갖게 될 것이다. 『논어』는 동아시아 사회에서 으뜸가는 자기계발서다. 『논어』의 처음을 여는 개념은 학(學)인데 이 개념의 핵심은 "항상 익힌다"는 의미의 시습(時習)이다. 항상 몸에 익히는 공부 방법은 이후 수신(修身)이라는 개념으로 구체화된다. 현대 한국사회에서 『논어』를 비롯한 동양철학서는 주로 수신서로 읽힌다. 『논어』뿐만 아니라 대중을 위한 『논어』의 해설서 역시 그렇다.

　탐색주의적 모델과 구성주의 모델의 공통점은 코기토 밖의 틀에 맞춰 자신을 관찰한다는 점이다. 호네트는 이 둘이 다른 사람과 사물을 물화하는 동시에 자기자신을 물화하는 모델이라고 말한다. 코기토 외부의 틀에 맞춰 자신의 심리상태를 탐색하지 않으며 외부의 틀에 심리상태를 맞추려 하지 않는 방법으로 표현주의를 제시하며 다른 두 모델과 구분한다. 표현주의는 자기자신을 물화하지 않는 모델이다. 호네트는 표현주의를 다음과 같이 규정한다.

우리는 우리의 심리상태를 객체처럼 단순히 지각하지도 않고, 표명함을 통해 구성하지도 않는다. 그 대신 우리는 우리의 심리상태를 우리에게 내면적으로 이미 친숙한 것들을 기준으로 삼아 명확하게 표현한다. 이런 독창적 방식으로 자기 스스로와 관계하는 주체는 자신의 느낌과 욕구를 분명하게 표현될 만한 가치가 있는 것으로 여겨야 한다.[88]

이 경우에 주체화되고 있는 것은 자신의 심리상태와 표현적 관계에 들어설 수 있기 위해서 주체가 스스로에게 미리 보여야 하는 인정이다. 그러니까 주체가 자신의 욕구나 느낌을 일단 표현될 가치가 없는 것으로 여긴다면, 주체는 자기관계에서 유지되어야 할, 자신의 내면에 대한 접근통로를 찾을 수 없다. 최근 들어 자주 이런 종류의 자기 스스로에 대한 인정이, 하이데거의 개념체계에 상응하여, "자기배려"로 불린다 (푸코 참조). 이것이 의미하는 것은, 주체는 자기자신에 대해서도 우선 관여적인 염려(bekümmern)의 자세를 취한다는 것이다. 하이데거가 사물 및 다른 사람들과의 교류에서 우리 현존재에게 특징적인 것으로 여겼던 그러한 자세 말이다.[89]

첫 문장은 앞에서 이미 해석했기에 두번째 문장을 보면, "친숙한 것"이라는 말이 나오는데 여러 가지를 들 수 있겠지만 일상이라 하자. 코기토는 일상을 기준으로 자신의 심리상태를 표현한다. 표현주의의 언어는 정신과 의사나 심리상담 전문가의 탐색용 언어가 아니다. 자기계발서의 영향을 받아 매일매일 쓰고 있는 일기에 반복적으로 등장하는 "할 수 있어"류의 자기구성용 언어도 아니다. 그러면 어떤 언어인가? 코기토를 채우고 있는 언어는 대개 외부로부터 주입된 언어다. 특히 심리상태를 관찰하고 표현하는 언어는 더더욱 전문가 또는 유사전문가의 언어다.

여기서 호네트가 강조하는 부분은 외부로부터 주입되지 않은 언어의 독창성이 아니라 스스로에 대한 인정이다. 자기자신의 심리상태를 스스로 가치 있는 것으로 인정하는 자기인정이다. 자신의 심리상태를 존중하는 코기토라면 전문가의 탐색용 용어든 자기계발을 위한 구성용 용어든 자기자신의 심리상태를 표현하기 위해 사용할 수 있다. 세 가지 모델의 차이는 심리상태를 관찰하는 용어가 아니라 자기배려의 유무다. 인정 망각으로 정의되는 물화는 자기자신이라는 존재가 다른 사람의 인정에 빚지고 있음에 대한 망각에 더하여 스스로의 가치에 대한 망각이다. 표현주의 모델이 앞의 두 모델과 다른 점은 외부의 틀로 자신을 관찰하지 않는 코기토만이 아니다. 다른 사람, 다른 사물과의 관계 속에서 스스로를 파악하고 다른 사람, 다른 사물을 염려하고 배려함으로써 자기자신에 대한 염려와 배려를 잊지 않는 코기토다. 호네트가 굳이 세 가지 모델을 제시하며 강조하고자 한 물화 개념에서는 후자가 더 의미 있는 차이다.

이타주의

공익을 위한 사익의 배제?

현재 한국사회의 공직 윤리는 사적 영역의 배제를 원칙의 하나로 삼아 기계적으로 적용하고 있다. 공직 수행의 모든 영역에서 친인척 배제는 물론이고 공적 업무가 아닌 일에서조차 사적 관계를 차단하고 있다. 공적 영역에서 정의(正義)를 구성하는 기본 원칙에 대한 고민과 토론을 피하는 방편으로 사적 영역의 기계적 배제를 택한다. 공적 업무를 수행할 때 업무의 범위 및 정당한 절차 여부와 관계없이 사적인 관계가 얽히면 공직 윤리를 위반했다는 의심을 받기 쉽다. 시험에서 공공성을 담보하기 위한 방편으로 시험관리자의 자격 요건에 친인척 및 동창 등 사적 관계망 안에 수험생이 없는 자를 명문화하는 경우는 일반적이다. 최근에는 학술연구에도 친인척과의 공동 연구를 사전 신고하는 절차를 연구 윤리에 명시하는 경우가 늘고 있다. 사적인 관계를 배제함으로써 공적 영역에서 최소한의 도덕성을 담보할 수 있다는 믿음은 당분간 지속될 것으로 보인다.

공적 영역은 공공성(publicity)의 영역이다. 공공성은 알릴 의무와 알 권리를 바탕으로 형성된다. 자유주의 정치철학에 기초한 현대 민주주의 사회에서 국민의 알 권리는 공직의 전 영역에 미친다. 정보 공개 의무가 일례다. 반면, 사적 영역은 비밀(privacy)의 영역이며 개성(personality)이 존중받는 영역이다. 공직자라도 공적 업무 이외의 사생활은 개인의 권리로 보호받는다. 정반대의 성격을 가진 두 영역이 충돌하고 갈등을 일으키는 지점이 현대 자유주의 정치철학의 문제로 지목된다.

공적 영역과 사적 영역의 차이는 이성과 감정의 대비에서도 발견된다. 이성과 감정의 대립은 공적 영역의 공공성과 사적 영역의 비밀 유지 사이의 갈등보다 본질적이라 할 수 있다. 이성뿐만 아니라 감정에 의해 판단하고 행동하는 개성의 영역인 사적 영역은 감정을 배제하고 오직 이성에 근거를 둔 합리성으로 작동되는 공적 영역에 위험 요인으로 작용한다. 앞서 언급했듯이, 현재 한국사회는 사적 영역의 위험으로부터 공적 영역을 보호하기 위한 방편으로 공직 수행에서 사적 관계의 배제를 선언하였다. 공직자가 사적인 감정에 의한 판단과 행동으로 공무를 그르칠 위험을 원천적으로 막는다. 혈연·학연·지연의 사전 고지 의무라는 공공성으로 공적 영역의 정의를 담보하는 것이다.

이러한 사적 관계 배제는 업무 수행을 어렵게 할 뿐만 아니라 현실적인 장애물 앞에서 단지 선언에 그치게 되기도 한다. 사적 감정을 차단하고자 혈연·학연·지연을 완전히 배제하고 수행하는 공적 업무는 종종 그 업무의 적임자와 전문가를 배제하게 되는 결과에 봉착한다. 이처럼 이성과 공공성으로 대표되는 공적 영역과 감정과 사생활로 대표되는 사적 영역의 충돌에서 공적 영역을 사수하려는 일련의 조치는 정작 공무 수행에서 최선의 방법을 찾아서 국민의 복지를 최대한 증진하려는 노력과 반드시 일치하지는 않는다. 이를 감정과 사적 관계를 배제할 것을 주문하는 공직 윤리 자체의 문제로 보는 학자들이 있다. 국민 복지 증진을 위해서는 이성뿐만 아니라 감정에 기반을 둔 공직 윤리가 필요하다는 것이다.

더 근본적으로는 자유주의 정치철학이 강조하는 가치중립성의 문제로 보기도 한다. "평등한 개인 간의 자유로운 거래"로 이상화된 시장은 현실과 거리가 멀다. 현실의 시장에서는 자본의 불평등에 따른 힘의 불균형, 거래 당사자들 사이의 힘의 불균형에 따른 반강제적 거래가 일상적으로 일어나며 이러한 거래는 불평등을 심화시키는 방향으로 움직인다. 자유롭고 평등한 개인 간의 계약으로 성립한 사회라는 이상이 만들어낸 법과 정치의 가치중립성은 특정 집단에 속한 개인이 다른 집단의 개인보다 항상 우위를 점하는 현실에서 불평등을 묵과하도록 유도한다. 이러한 현실에 대하여, 국민을 보호하고 국민의 복지를 증진해야 할 의무가 있는 정부라면 가치중립성 뒤에 숨지 말고 국민을 위한 최고선을 제시해야 한다는 것이다. 이러한 관점은 마이클 샌델(Michael Sandel)의 『정의란 무엇인가(*Justice: What's the Right Thing to Do?*)』[90]를 통해 대중적으로 널리 알려지게 되었다.

홍성민은 자유주의 정치철학에 대한 대안으로 공동체주의를 제시한 샌델과 더불어 마이클 왈저(Michael Walzer)를 언급한다. 홍성민은 왈저가 주목한 독립적이고 이성적인 존재라는 인간관 자체의 비현실성에 동의하며, 자유주의 정치철학의 근본적인 한계를 극복하는 인간관으로 "이성과 감성의 조화"[91]를 제시한다. 이처럼 유교적 전통으로 자유주의 정치철학의 문제점을 해결하려는 시도가 유교적 공공성 논의다. 박영도는 민주주의의 가치 속에서 유교적 공공성을 발견[92]하거나 민주주의의 공공성와 유교적 공공성이 공존[93]할 수 있으며, 더 나아가 유교적 공공성이 현대사회의 생태적 위험에 대처하는 생태 민주적 공공성 확립에 기여[94]할 수 있다는 주장을 편다. 공과 사를 상호보완적 개념으로 해석하든 적대적 개념으로 해석하든 유교적 공공성에 주목하는 학자들은 공통적으로 유가철학·유교의 공 개념이 현대 자유주의 사회, 민주주의 정치체제의 한계를 극복하는 데 기여할 수 있다고 본다.

도덕감정론과 공적 영역의 복원

자유주의 정치철학의 한계 중 하나로 지적되는 "냉혹한 이성" 문제에 대한 대안으로 도덕감정의 부활을 들 수 있다.[95] 자유롭고 평등한 개인의 이성적 판단에 따른 거래의 정당성은 자유주의 시장경제의 정당성뿐만 아니라 사회계약의 정당성에도 영향을 끼쳤다. 현대사회를 지탱하는 두 축인 시장과 국가의 정당성의 뿌리는 같다. 애덤 스미스(Adam Smith)는 시장경제와 시민사회의 기틀을 다진 사상가로 알려져 있다. 거래 당사자들 사이에 자리 잡은 신뢰에 기반을 둔 전지구적 생산 분업과 거래가 일상화된 현대사회는 『국부론(*An Inquiry into the Nature and Causes of the Wealth of Nations*)』이 구체화된 현실이다. 종종 학술연구가 아닌 글에서 『국부론』에 단 한 번 언급된 "보이지 않는 손"이라는 구절을 들먹이며 스미스를 도덕에 눈감은 냉정한 시장주의자로 간주하는 경우를 보게 된다. 이는 스미스를 절반만 이해한 결과다.『국부론』의 도덕적 정당성을 제공하는『도덕감정론(The Theory Of Moral Sentiments)』에는 공리주의(utilitarianism)와 시장주의의 관계에 대한 도덕 차원에서의 분석이 담겨 있다. 이기심을 본능으로 지닌 인간 개개인이 함께 모여 살아가는 사회란 항상 딜레마적 상황에 노출될 수밖에 없다. 스미스는 대부분의 딜레마적 상황에서 시장이 딜레마를 해소하는 열쇠가 될 수 있다고 본다.『도덕감정론』과『국부론』은 이기심이라는 인간 본능에도 불구하고 서로를 이롭게 하는 인간관계의 개연성, 시장을 통해서 실현하고자 하는 정의 사회의 가능성을 제시한다.

스미스는『도덕감정론』에서 도덕적 판단의 핵심은 효용(utility)뿐만이 아니라 적정성임을 강조한다. 그는 우리가 덕성에 속하는 자질에 호감을 갖는 일차적인 이유는 그 자질이 가져오는 효용(utility) 때문만이 아니라 그 자질이 "정확하기 때문에, 진실 및 현실과 일치하기 때문"[96]이라고 말한다. 예컨대, 다른 사람이 판단력이 있다고 생각한다면, 그 판단이 우리의 판단과 일치하기 때문이다. 특정 취미가 호감을 준다면 그 취미가 유용하기 때문이 아니라 "대상에 정확히 어울리기 때문"[97]이다. 그의 도덕철학은 공리주의의 특징인 결과주의, 쾌락주의를 공유하며 공리뿐만 아니라 흄의 도덕철학의 특징인 적정성도 수용한다.

우리 자신에게 가장 유용한 특성들은 무엇보다도 먼저 우리의 모든 행동의 원격적(remote)인 결과들을 식별할 수 있게 해주고 그것들로부터 결과될 이익과 손해를 예견할 수 있게 해주는 뛰어난 이성(reason)과 오성(understanding)이다. 그리고 두번째는 우리들로 하여금 장래의 보다 큰 즐거움을 획득하거나 보다 큰 고통을 회피하기 위해 현재의 즐거움을 억제하거나 현재의 고통을 감내하게 하는 자기통제(self-command)이다. 이 두 가지의 특성의 결합 속에 여러 덕성 중에서 개인에게 가장 유용한 덕성인 신중(prudence)이란 덕성이 존재한다. 이 특성들 중 첫번째 것에 관해서는, 뛰어난 이성과 오성은 본래 단순히 유용하거나 유리한 것으로서가 아니라 정당하고 올바르며 정확한 것으로서 시인된다는 것을 이미 앞에서 살펴보았다. [...] 이와 마찬가지로 또 다른 기회에 욕구를 보다 충분히 만족시키기 위해 우리의 현재의 욕구를 억제하는 자기통제도 유용성의 측면에서는 물론 적정성의 측면에서도 시인된다.[98]

스미스의 『도덕감정론』을 특별하게 만든 개념은 공리나 적정성이 아니라 동감의 호혜성(mutual sympathy of sentiments)이다. 동감이야말로 행위의 적정성 판단을 가능하게 하는 전제조건이다. 『도덕감정론』은 이익과 손해를 예견하는 인간의 이성 능력이 아니라 타인의 감정에 대한 인간의 공감 능력에 대한 분석으로 시작한다. 앞서 언급한 대로 스미스는 인간의 이성 능력이 도덕 판단의 중요한 조건임을 부정하지 않지만 타인의 고통에 대한 연민과 공감 능력을 먼저 언급한다. 그는 동감을 타인의 감정에 대한 공감 능력을 포괄적으로 가리키는 말로 사용한다.

인간이 아무리 이기적이라고 상정하더라도, 인간의 본성에는 분명 이와 상반되는 몇 가지 원리들이 존재한다. 이 원리들로 인해 인간은 타인의 운명에 관심을 가지게 되며, 단지 그것을 지켜보는 즐거움밖에는 아무것도 얻을 수 없다고 하더라도, 타인의 행복을 필요로 한다. 연민과 동정이 이런 종류의 원리이다. 타인의 비참함을 목격하거나 또는 그것을 아주 생생하게 느끼게 될 때 우리는 이러한 감정을 느낀다.[99]

연민과 동정은 타인의 슬픔에 대한 우리의 동포감정을 나타내고자 할 때 쓰이는 말이다. 아마도 본래 의미는 동일한 것이었겠지만, 이제 여기서 동감(sympathy)을 모든 열정에 대한 우리의 동포감정을 지칭하는 것으로 사용한다고 하더라도 그다지 부적절하지는 않을 것이다.[100]

인간의 본성으로 이기심뿐만 아니라 연민을 강조한 루소가 『사회계약론』에서 제시한 사회계약은 "자연적으로 인간 사이에 존재가 가능한 육체적 불평등 대신에 도덕상·법률상의 평등으로 바꿔놓는 것이라는 점과, 또 인간은 체력과 정신에 있어서 불평등일 수는 있지만 약속에 의해, 또 권리에 의해 모두 평등하게 된다"[101] 점에서 자유롭고 평등한 인간들의 사회를 가능하게 한다. 다른 사람보다 자기자신을 더 이롭게 하려는 인간의 자기편애(amour propre)[102]는 "자연적으로 인간 사이에 존재가 가능한" 불평등을 더욱 심화시키는데, 이러한 불평등이 야기할 혼란과 전쟁을 막는 장치가 사회계약이다.

연민은 유가철학·유교를 대표하는 도덕감정으로, 『맹자(孟子)』의 측은지심(惻隱之心)이다. 앞서 언급한 "연민과 동정이 이런 종류의 원리이다. 타인의 비참함을 목격하거나 또는 그것을 아주 생생하게 느끼게 될 때 우리는 이러한 감정을 느낀다"라는 스미스의 표현은 『맹자』와 일맥상통한다. 연민을 중심으로 장 자크 루소(Jean Jacques Rouseau)와 맹자를 비교하는 연구는 적지 않다.[103] 다른 사람을 불쌍히 여기는 마음인 측은지심은 후천적 교육으로 생기는 것이 아니라 인간의 본성으로 인간이라면 누구나 가지고 있다는 것이 맹자 성선설(性善說)의 핵심이다. 측은지심을 그저 감정으로 느끼기만 하고 실천으로 옮기지 못하면 아무 소용이 없다. 행(行) 즉 실천을 중시하는 유가철학에서 측은지심은 반드시 실천으로 옮겨져야 한다. 측은지심을 인(仁)의 단서라 부르는 까닭이다. 누구나 일상생활에서 실천할 수 있는 인을 통치에 적용하면 인정(仁政)이 된다. 왕이 인정을 실천하는 정치가 왕도정치다. 후천적 교육은 측은지심이라는 단서가 인으로 한결같이 실천될 수 있도록 하는 방법에 초점을 맞춘다.

전근대 동아시아 정치철학의 근간을 이루었던 유가철학은 근대 이후 한국사회에서 자유주의 정치철학에 자리를 내주고 대안적 전통 사상의 역할을 수행하고 있다. 이성 중심의 자유주의적 인간관은 정치의 가치중립성을 절대시하는 자유주의 정치철학으로 연결된다. 이성에 기반을 둔 합리성에 따라 작동되는 공적 영역은 감정을 철저히 배제한다. 여기에는 스미스나 루소가 근대적 시민사회 건설에 필요한 요소로 강조한 연민조차 끼어들 여지가 없다. 이성 일변도인 자유주의 정치철학의 문제를 도덕감정으로 해결하려는 시도는 적절하다고 할 수 있다. 측은지심이라는 도덕감정을 강조하는 유교적 공공성은 동양철학의 맥락에서 자유주의 정치철학의 한계를 극복하려는 시도다.[104]

동아시아 철학에서 도덕감정론의 모태라 할 수 있는 측은지심은 『맹자』「양혜왕 상」에 나오는 제선왕과 맹자의 대화에서 찾을 수 있다. 부국강병으로 천하의 패자(霸者)가 되고 싶은 제나라의 선왕에게 인정(仁政)으로 왕도정치를 실현할 것을 설득하는 맹자의 논변이 곡속장이다. "곡속장"이라는 별칭은 내용 중에 선왕이 신하에게 "놓아주어라. 두려워 떨며 죄없이 사지로 가는 것을 내 차마 견디지 못하겠다(舍之 吾不忍其觳觫若無罪而就死地)"라고 말하는데 그 가운데 "두려워 떨며"라는 단어에서 유래했다. 맹자는 선왕을 만나기 전, 선왕이 구두쇠라는 소문을 들은 적이 있다. 희생에 쓸 소가 아까워서 양으로 바꾸라고 했다는 소문이다. 선왕을 만나 왕도정치를 설득하는 과정에서 선왕이 왕도정치에 관심을 보이며 "과인 같은 사람도 백성을 보호할 수 있나요?"라고 묻자 맹자는 자신이 들은 소문에 대해 말하며 소를 양으로 바꾸라고 한 이유를 묻는다. 선왕은 희생으로 끌려가는 소의 벌벌 떠는 모습을 보고, 차마 견디지 못하여 소를 양으로 바꾸라고 말한 것이지 결코 소가 아까워서 그런 것이 아니라고 해명하며 "그것이 진실로 무슨 마음이었던가?(是誠何心哉)"라고 반문한다. 맹자는 기다렸다는 듯이 다음과 같이 말한다.

그것이 바로 인(仁)의 방법입니다. 소는 보았고 양은 아직 보지 못하였습니다. 군자라면 짐승에 대해서 살아 있는 것을 보았다면 그 죽음을 보는 것을 차마 견딜 수 없으며 그 소리를 듣고서는 차마 그 고기를 먹는 것을 견딜 수 없습니다. 이러한 까닭에 군자는 푸줏간을 멀리하는 것입니다.[105]

신영복은 "소를 양으로 바꾼 이유는 양은 보지 못했고 소는 보았기 때문이라는 것"[106]에 주목하여, "본다는 것은 만남"[107]을 의미하고 만남은 곧 관계로 이어진다고 해석한다. 그는 "우리 사회의 문제"를 해결하는 열쇠가 이러한 "만남"에 있다고 주장한다. 예컨대, 자신과 만남을 갖지 못한, 관계없는 소비자를 대상으로 한다고 생각하기 때문에 유해 식품을 만들 수 있다는 것이다.[108] 그는 의(義)란 인(仁)을 사회화한 개념이며 인간관계가 곧 사회이므로 인간관계의 회복으로 사회정의를 실현할 수 있다고 결론 내린다.

유교적 공공성

선진철학의 주요 문헌에 나타난 도덕감정과 공사 구분을 살펴보는 작업은 현대 자유주의 정치철학의 한계를 극복하기 위한 노력에 시사하는 바가 있다. 이 장에서는 스미스의 『도덕감정론』에서 감정 기반의 도덕 실천, 신영복의 사회정의 실현에서 감정의 중요성, 그리고 한나 아렌트(Hannah Arendt)의 공적 영역의 복원이라는 주제를 동아시아 철학의 출발점인 선진철학에 적용하여 동아시아 철학 전통에서 현대 자유주의 정치철학의 한계에 대한 대안을 재검토하고자 한다.[109]

한국 학계에서 자유주의 정치철학의 문제점을 해결하기 위한 목적을 전면에 내세우는 논의로 유교적 공공성 논의를 들 수 있다. 유교적 공공성을 제기한 학자들은 앞서 언급한 신영복의 생각을 정치철학적 논변으로 발전시킨다. 그들은 공통적으로 서양 근대 사상의 도입 과정에서 한국사회에 자리 잡은 공과 사의 개념 구분에 주목한다. 배병삼은 서구 사상에서 공(public)과 사(private)의 개념과 유교적 전통 속에서 공(公)과 사(私)의 개념을 다음과 같이 비교한다.

서양 근대적 공공성의 핵심적 특징은 공공 영역과 사적 영역을 구분하는 데 있다. 즉 서구에서 공과 사는 영역적으로 정확하게 구분되어야 하고 공적 영역은 사적 영역을 보호해야만 한다. [...] 유교에서 사용하는 공–사 개념의 첫번째 특징은 가치적(valuable)이라는 점이다. [...] 유교에서는 공적 영역과 사적 영역이 따로 존재하지 않는다는 것. 일상적인 삶들이 사(私)이고, 일상적 삶 속에 존재하는 정당성 또는 합당성이 공(公)이다. 그러므로 공은 사 속에 존재하며, 사는 공을 통해 그 의미를 얻는다. 공과 사의 관계는 상호적이며, 보완적이다. 두번째로 유교의 공공성은 차등적이라는 점이다. 예컨대 자식이 부모에게 효도하는 것은 공적 행위이다. 또 군주로서 나라를 잘 다스리는 것 역시 공적 행위다. 그런데 이 두 개의 공공성 가운데 어떤 것이 우선하는가. 유교에서는 부모에 대한 효도를 나라를 잘 다스리는 것보다 더 중요한 가치로 본다. 이것이 유교의 공공성의 가장 중요한 특징이다. 세번째 특징은 공공성의 기원에 대한 것이다. 유교는, 특히 맹자는 공공성의 기원을 사람의 마음(心)속에서 찾는다. 사람은 태어나면서 하늘(天)로부터 공공성의 씨앗을 평등하게 부여받아 똑같이 갖추고 있다. 우리는 일상적 삶 속에서 행동할 때마다 자기 마음을 돌이켜 반성함으로써 공공성을 체현할 수 있다.[110]

김우진은 공자와 맹자가 윤리와 정치를 절충하려 했다고 본다. 그는 "공자와 맹자가 혈연적 가치를 어떤 이유에서 공적 영역인 정치의 원리로 삼으려고 했는지, 그리고 과연 효와 정치가 일치될 수 있는지를 서주 시대의 종법·봉건제의 변화과정을 추적하는 방법을 통해 분석"[111]하였다. 현대의 관점에서는 사적 윤리에 해당하는 효가 유가 철학을 통치철학으로 삼은 동아시아 전근대 사회에서는 정치 원리가 된다. 김우진은 공자가 인(仁)을 통해 혈연적 질서와 신분 질서를 일치시키고자 했다면 맹자는 인에 의(義)를 더하여 "구체적 상황에서 혈연적 가치와 국가의 공공성을 통합"하고자 하였다고 주장한다. 김우진의 관점으로 공과 사를 개념 정의한다면, 유교에서는 주희 이래 수신제가치국평천하(修身齊家治國平天下)의 가치가 확고하게 자리 잡고 군사부일체가 사회 통합의 주요 기제가 되어 "공적 영역과 사적 영역이 따로 존재하지 않"으며 상호보완적이라는 배병삼의 주장과 일맥상통한다. 특히 배병삼이 "자식이 부모에게 효도하는 것은 공적 행위"라는 해석은 김우진의 연구에서 그 근거가 더욱 분명해진다.

유교에서 공과 사의 관계가 상호보완적이라는 관점과는 정반대의 해석도 있다. 황금중[112]은 주희의 공과 사 개념을 분석하여 사가 공을 방해하는 요소라고 결론지었다. 그는 공을 "우주적 차원의 사랑과 정의, 배려, 연대, 소통의 가치가 녹아 있는 영역"으로 보고 사를 "공적 의식의 발현을 방해하는 의식의 측면"으로 보아 "공적 지평을 극대화"하는 것이 주희의 교육목표라고 주장한다. 황금중의 관점은 사(私)를 "사사로움"이라 번역할 때 공(公)과 대립하는 맥락에 주목한 해석이다. 『논어』「위정(爲政)」에 나오는 "공자께서 말씀하셨다. 군자는 두루두루 어울리며 편을 가르지 않으며 소인은 편을 가르고 두루두루 어울리지 않는다"[113]는 구절에 주희가 붙인 주석을 살펴보면 공과 사의 구분을 찾을 수 있다. "군자와 소인의 행동이 같지 않음은 음양과 주야처럼 매번 서로 반대다. 그러나 그렇게 나뉘지는 이유를 연구해보면 공과 사의 사이에 털끝만큼의 차이가 있을 뿐이다"[114]라는 구절에서 공과 사가 서로 상반되는 의미로 쓰였음을 알 수 있다. 『논어』에 대한 주희의 해석에서 사는 공과 대립되는 개념으로 등장한다. 「이인(里人)」에 나오는 "공자께서 말씀하셨다. 오직 인자여야만 사람을 좋아하고 미워할 수 있다(子曰 惟仁者 能好人 能惡人)"는 구절에 주희는 "사사로운 마음(私心)이 없고 나서야 좋아하고 미워함이 이치(理)에 합당하다. 정자(程子)께서 말씀하신 공정(公正)을 얻었다는 것이 이것이다(蓋無私心然後 好惡當於理 程子所謂得其公正 是也)"라고 주석하였다. 공은 군자의 공명정대함, 사는 소인의 사사로움을 나타낸다. 군자와 소인의 차이가 공사의 차이라는 주희의 주석은 『논어』에 반복된다. 주희의 주석에서 사(私)는 사욕(私欲), 사의(私意)로도 쓰이는데 황금중의 해석대로 공명정대함을 방해하는 욕망, 생각을 가리킨다.

　이상 세 편의 연구에서 볼 수 있듯이 유교적 공공성 논의에 등장하는 공과 사의 개념은 통일된 하나의 개념이 아니다. 사(私)라는 글자의 의미와 용례가 시대와 학자에 따라 달랐고 특히 현대에는 개인적 자유의 영역으로서 보호되어야만 하는 사적(private) 영역으로서 의미와 용례가 확대되었다. 근대 이후 사의 의미와 용례가 변화함에 따라 공과 사의 의미도 변하였다. 『논어』에 이미 등장한 "자신과 자신 주변"이라는 의미와 용례가 "자유롭고 평등한 개인"이 행위의 주체가 되는 자유주의·민주주의 사회에서 강화되었다고 볼 수 있다. 주희가 개념 정의한 공과 대비되는 사의 개념, 즉 공의 보편성을 방해하는 "사사로움"이라는 의미도 현대 동아시아 사회에 여전히 살아 있을 뿐만 아니라 공직 윤리에 활용된다.

방법론적 이기주의

방법론적 이기주의란 자기배려를 실천함으로써 타자를 배려하는 결과에 도달하는 道다. 표현주의 모델과 관련하여 앞서 언급한 미셸 푸코의 자기배려 개념을 다시 살펴보자. 2013년에 출간한 『결코 근대인이었던 적이 없는 동아시아인』에서 푸코의 자기배려를 "도─덕을 통한 자기구성"으로 해석했다. 요약하면 다음과 같다. 도는 방법이고 덕은 자질인데 덕의 유무는 오직 도로 확인할 수 있다. 이 책의 용어로 설명하면, 코기토는 자신의 덕을 인식할 수 없다. 특정 행동이 특정 방법을 통해 성공하면 그 행동을 위한 그 방법에 필요한 자질이 자신의 정신과 몸에 있음을 코기토는 비로소 인식한다. 이렇게 자기자신의 덕을 도, 즉 행동 방법을 통해 인식하는 코기토는 도를 바꾸며 행동을 바꾸고 행동을 바꾸어 덕을 바꾸어 자기자신을 구성해 간다.

　『결코 근대인이었던 적이 없는 동아시아인』에서 제시한 자기구성 (self-construction) 개념으로 호네트의 세 모델을 보면, 구성주의 모델과 표현주의 모델 사이 어딘가에 자기구성 개념이 위치하게 된다. 푸코의 자기배려 개념을 호네트는 물화에 대한 대안으로 제시하였다. 내가 푸코의 자기배려 개념을 자기구성으로 해석한 맥락은 호네트와는 층위가 다르다. 자기구성은 호네트의 세 모델 어느 것으로도 가능하다. 탐색주의적 모델로 자기를 구성하면 고정된 자기, 통상 "진정한 자아"라 부르는 자기를 찾으려 노력하는 과정이 자기구성에 해당할 것이다. 구성주의 모델로 자기를 구성하면 스스로 되고 싶은 롤모델을 정하거나 가상적으로 구성하여 자신을 롤모델에 가깝게 바꿔나가는 노력이 자기구성이 될 것이다. 표현주의 모델은 기존의 틀을 부정하며 독창적인 방법으로 자신을 구성하고자 하는 노력이다. 자기구성의 개념은 호네트의 물화 개념과 다른 맥락에서 푸코의 자기배려에 접하고 있다. 자기구성 개념으로 호네트의 세 모델을 다시 보면 호네트가 말한 "독창적 방식으로 자기 스스로와 관계하는 주체"의 자기구성과 연결된다. 『결코 근대인이었던 적이 없는 동아시아인』에서 이러한 자기구성의 예를 찾는다면 『장자』에서 제시된 도(道)다. 2013년에 설명한 내용을 이 책에서 되풀이하는 대신, 다른 예를 들고자 한다.

다시 표현주의 모델을 떠올려보자. 다른 사람과 사물, 그리고 스스로에 대한 염려와 배려를 잊지 않는 코기토가 아닌, 외부의 틀로 자기자신을 관찰하지 않는 코기토에 무게를 둔다면 어떤 해석이 가능할까? "우리는 우리의 심리상태를 객체처럼 단순히 지각하지도 않고, 표명함을 통해 구성하지도 않는다. 그 대신 우리는 우리의 심리상태를 우리에게 내면적으로 이미 친숙한 것들을 기준으로 삼아 명확하게 표현한다"는 호네트의 말을 되짚어보면 "내면적으로 이미 친숙한 것"의 으뜸은 코기토 그 자체다. 즉물적으로 전달되는 감각, 감각으로부터 오는 느낌. 이 즉물적 감각과 느낌이 측은지심인 경우가 맹자라면 배고픔과 추위인 경우가 양주다. 다음은 2020년 출간한 책 『선진철학에서 개인주의의 재구성』에 실린 양주를 다른 시각에서 읽은 결과물이다. 유가에 의해 2500년간 이기주의의 대명사로 지목되어온 양주를 개인주의 관점에서 재해석하였다. 이 장에서는 양주를 다시 이기주의자로 되돌린다. 윤리학의 맥락, 더 좁게는 윤리적 실천의 맥락에서 방법론적 이기주의자다.

양주는 묵자와 더불어 공자와 맹자가 함께 적으로 지목하였다. 양주와 묵적에 대해 맹자는 다음과 같이 말한다.

성왕(聖王)이 나오지 아니하여 제후(諸侯)가 방자하며 초야(草野)의 선비들이 멋대로 의논하여 양주(楊朱)·묵적(墨翟)의 말이 천하(天下)에 가득하여, 천하(天下)의 말이 양주(楊朱)에게 돌아가지 않으면 묵적(墨翟)에게 돌아간다. 양씨(楊氏)는 자신만을 위하니, 이는 군주가 없는 것이요, 묵씨(墨氏)는 똑같이 사랑하니, 이는 아버지가 없는 것이니, 아버지가 없고 군주가 없으면 이는 금수(禽獸)이다. 공명의(公明儀)가 말하기를 '〈임금의〉 푸줏간에 살진 고기가 있고 마구간에 살진 말이 있는데도 백성들에게 굶주린 기색이 있으며 들에는 굶어 죽은 시체가 있다면 이는 짐승을 내몰아 사람을 잡아먹게 하는 것이다' 하였다. 양주(楊朱)·묵적(墨翟)의 도(道)가 종식되지 않으면 공자(孔子)의 도(道)가 드러나지 못할 것이니, 이는 부정한 학설이 백성을 속여 인의(仁義)의 정도를 꽉 막는 것이다. 인의(仁義)가 꽉 막히면 짐승을 내몰아 사람을 잡아먹게 하다가 사람들이 장차 서로 잡아먹게 될 것이다. 내가 이 때문에 두려워하여 선성(先聖)의 도(道)를 보호하여 양묵(楊墨)을 막으며 부정한 말을 추방하여 부정한 학설이 나오지 못하게 하는 것이다. 〈부정한 학설은〉 그 마음에서 나와 그 일에 해를 끼치며, 일에서 나와 정사에 해를 끼치니, 성인(聖人)이 다시 나오셔도 내 말을 바꾸지 않으실 것이다. [...] 능히 양묵(楊墨)을 막을 것을 말하는 자는 성인(聖人)의 무리이다.[115]

측은지심에 뿌리를 둔 인의, 인의를 통치의 근간으로 삼는 왕도정치의 적으로 지목당한 양주가 맹자의 이 비판을 읽었다면 "나도 당신과 근본적인 생각은 같아. 나도 공명의의 말에 동의해"라고 말했을 것이다. 군주가 호의호식하는데 백성이 굶는다면 이것이 바로 악이라는 생각에 양주 역시 동의할 것이다. 맹자는 양주와 묵적의 사상이 인의를 부정하여 결국 왕도정치의 실현을 가로막는다고 비판했다. 맹자의 비판에 양주와 묵적을 대신하여 반박하자면, 묵자는 인의를 부정하지 않았으며 오히려 유가에서 인의를 제대로 실천하지 않는다고 비판하였고 양주는 인의라는 유가의 방법으로는 백성을 굶주림에서 벗어나게 할 수 없다고 보았다.

묵자와 양주가 유가와 대립하는 지점은 다르다. 그러나 이 두 사상가의 유가 비판에는 공통점이 있다. 유가의 인의가 이들의 관점에서는 위선이다. 앞서 말했듯이 선은 사람이 굶지 않는 것이다. 공자, 맹자, 묵자, 양주 모두 이에 동의한다. 공자와 맹자는 인의로 선을 실천할 수 있다고 주장한다. 앞의 인용문을 보면 맹자는 인의가 아니라면 백성을 굶주림에서 구할 수 없다고 생각한다. 『맹자』의 첫 장에서 그토록 강하게 외치던 "오직 인의가 있을 뿐입니다(亦有仁義而已矣)"를 떠올려보자. 묵자가 관찰한 맹자는 필연적으로 실패할 수밖에 없는 길을 가는 사람이다. 묵자의 관찰은 다음과 같다. 유가의 방법으로는 선에 도달할 수 없다. 측은지심이라는 강한 동기, 인의를 떠벌리는 언사가 행동을 망친다. 인의라는 방법으로는 인의의 목적을 달성할 수 없다. 양주의 유가 비판 역시 유사하다. 유가의 이타심이 다른 사람의 복지를 증진하는 결과로 이어지지 못한다는 비판이다. 양주의 관점에서 보면, 『맹자』 첫 장인 「양혜왕 상」에서 맹자가 구구절절 나열한 복지정책은 결국 실현될 수 없다. 군주의 코기토만이 이타심으로 가득할 뿐, 결국 군주 자신조차 백성과 더불어 헐벗고 굶주릴 것이다.

맹자를 재발견한 주희(朱熹) 역시 양주와 묵자에 대한 비판을 이어간다. 『맹자』 「진심 상(盡心 上)」에 나오는 구절, "양자(楊子)는 자신을 위함을 취하였으니, 하나의 털을 뽑아서 천하(天下)가 이롭더라도 하지 않았다"에 주희는 다음과 같이 주석하였다.

> 양주(楊朱)는 다만 몸을 아낄 줄만 알고 다시 몸을 바치는 의리가 있음을 알지 못하였다. 그러므로 군주가 없는 것이요, 묵자(墨子)는 사랑함에 차등(差等)이 없어 지친(至親)을 보기를 중인(衆人)과 다름이 없게 하였다. 그러므로 아버지가 없는 것이다. 아버지가 없고 군주가 없으면 인도(人道)가 멸절(滅絶)되니, 이 또한 금수(禽獸)일 뿐이다.[116]

자신의 몸을 아낄 줄만 알고 몸을 바치는 의리는 없다는 맹자의 비판은 반은 맞고 반은 틀리다. 자신의 몸을 아끼는 연장선상에서 자신의 몸을 바칠 수도 있다. 양주에 따르면, 다른 사람을 위하는 심리상태, 즉 측은지심이 발동하여 자신의 몸을 그야말로 희생하는 행동은 자제하여야 한다. 그러나 자신의 몸을 아껴 불로장생하는 것이 삶의 목적은 아니기에 자신의 몸을 무언가를 위해 상하게 할 수는 있다.

그 무언가가 인의가 아닐 뿐이다. 인의에 근거하여 자신의 몸을 다른 사람을 위해 내어준다는 발상은 위선에 불과하다. 양주의 관점에서 자신의 몸을 희생하는 행동을 설명한다면, 다른 사람이 아니라 자기 자신을 위한 행동이어야 한다. 코기토가 인지하는 심리상태가 그래 야만 한다.

위선이라는 주제로 돌아가서, 『열자(列子)』「양주(楊朱)」편에 같은 구절이 있다.

양주가 말했다. "백성자고(伯成子高)는 자기 몸의 한 개의 터럭을 뽑아 남을 이롭게 할 수 있는 일이라 하더라도 하지 않고, 나라를 버리고 숨 어 살면서 밭을 갈았다. 우(禹)임금은 자기 한 몸을 이롭게 하는 일은 하지 않아 자신의 몸을 지치고 깡마르게 만들었다. 옛날 사람들은 자기 몸에서 한 개의 터럭을 뽑음으로써 천하가 이롭게 된다 해도 뽑아주지 않았고, 천하를 다 들어 자기 한 사람에게 바친다 하더라도 받지 않았 다. 사람마다 자기 몸에서는 한 개의 터럭도 뽑지 않고, 사람마다 천하 를 이롭게 하는 일은 하지 않는다면 천하가 잘 다스려질 것이다."

금자(禽子)가 양주에게 물었다. "선생님 몸에서 한 개의 터럭을 뽑음 으로써 온 세상을 도울 수가 있다면 선생님은 그런 행동을 하시겠습니 까?"

양자가 말했다. "세상은 본시부터 한 개의 터럭으로 도울 수 있는 게 아니지요."

금자가 말했다. "가령 도울 수 있는 경우라면 하시겠습니까?"

양자는 대답하지 않았다.

금자가 나와서 맹손양(孟孫陽)에게 말하자 맹손양이 말했다. "선생은 우리 선생님의 마음을 이해하지 못하셨습니다. 제가 그에 대해 말씀드리지요. 선생의 살갗을 손상시켜서 만금(萬金)을 얻을 수가 있다면 선생은 그 일을 하시겠습니까?"

"하지요."

맹손양이 말했다. "선생의 몸 한 마디를 끊음으로써 한 나라를 얻을 수가 있다면 선생은 그 짓을 하겠습니까?"

금자는 한동안 말을 못 하고 가만히 있었다.

맹손양이 말했다. "한 개의 터럭은 살갗보다 작은 것이며 살갗은 몸의 한 마디보다도 작은 것임이 분명합니다. 그러나 한 개의 터럭이 쌓여서 살갗을 이루고 살갗이 쌓여서 몸의 한 마디를 이루게 됩니다. 한 개의 터럭은 본시가 한 몸의 만분의 일에 해당하는 것이지만 어찌 그것을 가벼이 여길 수 있겠습니까?"

금자가 말했다. "나는 선생에게 대답을 드리지 못하겠소. 그러나 선생의 말에 대해서 노자(老子)나 관윤(關尹)에게 가서 물어본다면 그분들은 선생의 말이 옳다고 할 것입니다. 나의 말에 대해 우임금이나 묵자(墨子)에게 물어본다면 그분들은 나의 말이 옳다고 하실 것입니다."

맹손양은 그의 말을 듣고는 그의 제자들을 돌아보면서 다른 일에 관한 이야기를 했다.[117]

유가의 양주 비판의 핵심이 되는 내용을 담고 있는 이 인용문을 여러 각도에서 해석할 수 있다. "세상은 본시부터 한 개의 터럭으로 도울 수 있는 게 아니지요"라는 양주의 말을 인용문의 맥락에서 살펴보면 극도의 이기주의나 반사회적 태도로 해석하기는 어렵다. 이기주의는 자신의 이익을 위해 다른 사람의 희생을 정당화하는 생각이나 자신의 이익을 위해 다른 사람에게 해를 끼치는 행동을 가리킨다. 양주의 말에 담긴 함의는 그러한 주장과는 거리가 있다. 그러나 적어도 이타주의는 부정한다. 인용문에 나타난 양주의 이타주의 부정의 두 가지 근거는 첫째, 남을 위해 자신을 희생하는 이타주의는 결과적으로 자기자신조차 이롭게 하지 못할 뿐만 아니라 둘째, 나와 내 밖의 세계를 동일한 가치 기준으로 저울질하여, 내 터럭보다 큰 외부의 가치를 위해 자신의 목숨까지 희생할 수 있는 가능성을 열어놓았다는 점이다. 우임금처럼 세상을 위한다는 선한 동기로 가득한 코기토는 결과적으로 다른 사람도 위하지 못하고 자기자신도 돌보지 못하는 결과로 수렴할 수 있다. 이 첫번째 근거는 두번째 근거와 연결된다. 왜 자기자신을 돌보지 못한 채 다른 사람을 우선 돌보는가? 다른 사람이 자기자신보다 더 큰 가치를 지닌다는 믿음일 수 있다. 이러한 믿음은 양주의 관점에서 잘못이다. 내가 남보다 적어도 나에게는 더 가치 있다는 비교의 관점이 아니다. 코기토의 관점에서 코기토가 "나"라고 인식하는 육체는 나의 소유가 아니라 내 책임하에 있는 "내 밖의 세계"의 일부다. 나의 소유라면 돌봄의 책임을 피할 수 있다. 내 소유는 아닌데 돌봄의 책임을 부여받은 공유물이기에 잘 돌보아야 한다. 보통의 인간은 자기 멋대로 몸을 굴리면 몸이 상한다. 성인으로 불리는 이상적 존재라면 멋대로 해도 자신의 몸을 보전하고 세상도 이롭게 할 수 있을지 모른다. 그러나 우임금조차 성인은 아니기에 자신을 돌보면서 세상도 이롭게 하는 경지에 이르지는 못했다. 다음의 인용문에서 이를 확인할 수 있다.

양주가 말했다. "사람이란 하늘과 땅과 비슷한 종류라서 오행(五行)의 성품을 지니고 있다. 삶을 지닌 것들 중에서 가장 신령스러운 것이 사람이다. 사람이란 발톱과 이빨은 자기 방위를 하는 데 쓰지도 못할 정도의 것을 가지고 있고, 살갗은 자기 몸을 보호하기에도 불충분하고, 뜀박질은 이로운 것을 쫓고 해로운 것으로부터 도망치지도 못할 정도이며, 추위와 더위를 막을 털과 깃도 없다. 사람은 반드시 밖의 물건을 바탕으로 하여 삶을 이어가고, 지혜는 쓸 만하지만 힘은 의지할 정도가 못된다. 그러므로 지혜는 귀중하게 여기는데 자기를 살아가도록 해주기 때문에 귀중한 것이며, 힘은 천하게 여기는데 힘으로는 밖으로부터 침범을 당하게 되기 때문에 천한 것이다.

그런데 우리 몸이란 내가 가지고 있는 것이 아니다. 이미 태어났다면 그것을 보전하지 않을 수가 없는 것이다. 물건들도 내가 가지고 있는 것이 아니다. 이미 가지고 있다면 그것을 버리고 쓰지 않을 수가 없는 것이다. 몸은 본시 삶을 주관하고 물건은 또한 몸을 길러주는 일을 주관하는 것이다. 비록 살아 있는 몸을 보전하고 있다 하더라도 그의 몸을 가지고 마음대로 할 수는 없는 것이다. 비록 물건을 버리고 쓰지 않을 수는 없다 하더라도 그 물건을 가지고 마음대로 할 수는 없는 것이다.

그 물건을 가지고 있고 그의 몸을 가지고 있다는 것은 온전한 사람들의 몸을 자기 멋대로 가지고 온 천하의 물건을 자기 멋대로 갖는 것이 된다. 오직 성인만이 할 수 있는 일일 것이로되, 온 천하 사람들의 몸을 공유(公有)하고 온 천하의 물건은 공유해야 한다. 그렇게 하는 것은 오직 지극한 사람일 것이다. 이것을 일컬어 지극한 경지에 이르렀다고 하는 것이다.[118]

양주의 인간관에 대한 위의 인용문을 2020년 책에서는 유가의 위선에 대한 비판에 초점을 맞춰 해석하였다. 자신의 몸을 희생하여 다른 사람들을 구한다는 유가의 이타주의는 애초에 자신의 것이 아닌 것을 가지고 다른 사람을 구하는 위선에 불과하다. 이 책의 맥락에서 눈여겨볼 부분은 "사람은 반드시 밖의 물건을 바탕으로 하여 삶을 이어가고, 지혜는 쓸 만하지만 힘은 의지할 정도가 못된다. 그러므로 지혜는 귀중하게 여기는데 자기를 살아가도록 해주기 때문에 귀중한 것이며, 힘은 천하게 여기는데 힘으로는 밖으로부터 침범을 당하게 되기 때문에 천한 것이다"라는 구절이다. 나와 내 밖의 세계는 코기토와 그 밖의 세계다. 따라서 내 책임하에 있는 몸과 내 책임하에 있는 물건이 동일시된다.

양주의 인간관은 인정의 우선성과 연결된다. 인간은 다른 존재에 의존하지 않으면 생존 불가능한 존재이며 자신의 몸조차 자신의 소유가 아니다. "우리 몸이란 내가 가지고 있는 것이 아니다"라는 구절에서 **나**는 무엇인가? **나**는 적어도 육체와 구별되는 무엇이다. 몸과 물건을 **마음대로** 할 수 있는 자격 또는 능력을 가진 사람만이 자신의 몸과 부여받은 물건을 소유할 수 있다. 몸을 마음대로 할 수 없다는 것은 몸을 소유하지 않는다는 것이 된다.

양주는 인정의 우선성을 부정하지 않는다. 그러나 독립적이고 자족적인 코기토 역시 존재한다고 본다. 성인의 코기토다. 양주가 완전한 인간으로 지목한 성인의 코기토는 자신에게 부여된 몸과 물건을 의지대로 사용할 수 있다. 군주 자신이 성인군자가 되어 왕도정치를 실현하고 왕도정치를 실현하는 군주의 배려를 통해서라야 비로소 백성은 공유된 몸과 물건을 사용하여 살아갈 수 있다. 양주와 공맹이 화해하는 지점은 성인의 경지다. 양주의 관점에서는 성인이 아니고서야 타인을 배려할 능력은 없다. 성인의 지혜도 없으면서 타인을 배려한다는 코기토의 의지는 그저 위선이다.

완전한 인간인 성인, 수양을 통해 성인에 가깝게 자신을 통제하는 군자가 아닌 개개인은 어떠한가? 근대 민주주의 국가의 헌법은 성인군자가 아닌 개개인 역시 독립적이고 자족적인 코기토를 통해 자신의 행동에 전권을 행사한다고 본다. 양주가 말하는 지혜가 개개인에게 갖춰졌을 리 없다. 관점이 전환된 것이다. 과학기술의 진보는 단지 개개인의 몸을 보완했을 뿐만 아니라 지혜도 보완했다. 푸코가 말한 자기배려는 성인군자만이 아닌 개개인의 일상이 되었다.

자기배려는 푸코가 정의한 윤리다. 도덕률을 내면화하여 기계적으로 실천하는 개개인만이 아니라 도덕률을 활용하여 자신의 욕망을 충족하는 개인. 금지에 복종하는 선택을 하기도 하지만 금지를 활용하여 쾌락을 극대화하는 개인. 도덕률과 윤리적 실천을 통해 자신을 구성하는 개인.

방법론적 이기주의는 코기토가 위악을 전제로 행동을 관찰하는 윤리다. 1장에서 『말과 사물』을 인용하며 푸코가 말한 사유되지 않는 것과 그에 대한 반성을 떠올려보면, 자기자신으로 귀속되는 행동에는 사유된 것, 즉 코기토가 의지한 것에 의한 결과뿐만 아니라 사유되지 않은 것 즉 의지하지 않은 것에 의한 결과도 들어 있기 마련이다. 반성 역시 그러하다. 루만의 용어로 맹점이 존재한다. 관찰에는 보는 것과 맹점이 존재한다. 반성도 과거에 대한 관찰이기에 맹점이 존재한다. 자신으로 귀속되는 행동의 선악을 코기토는 무엇을 기준으로 판단하는가? 선한 의도? "세상에 나처럼 선한 사람 없다"고 말하는 사람을 꽤 만나게 된다. "다른 사람에게 피해 안 주고 산다"고 생각하는 사람의 수는 더더욱 많다. 근거는 동일하다. 다른 사람에게 선의를 품은 적이 많을 뿐더러 악의는 더더욱 품은 적이 없기 때문이다. 코기토가 나라면 나는 선하다.
　코기토는 코기토 외부의 세계를 관찰하고 해석한다. 관찰과 해석을 통해 코기토는 변화한다. 자신으로 귀속되는 행동, 즉 다른 사람들이 내 행동이라고 부르는 그 행동을 코기토뿐만 아니라 다른 사람들도 관찰한다. 관찰하고 해석한 결과를 내게 알려주기도 한다. "이 나쁜 놈아!"라고. 다른 사람에 대한 악의는 고사하고 스스로에 대한 악의조차 품은 적이 없는 내가 나에게 해가 되는 행동을 서슴없이

한다. 코기토가 나라면 코기토의 쾌락을 위해 몸 따위 희생할 수 있다. 그런데 코기토의 고통으로 귀결되는 행동, 코기토가 악으로 해석할 수밖에 없는 행동을 하기도 한다. 양주의 관점으로 보면 성인의 지혜가 없는 탓일 것이다. 성인의 지혜는 없지만 독립적이고 자족적이라 법이 규정하는 현대사회의 개인은 자기자신으로 귀속되는 행동 탓에 다른 사람을 해치기도 하고 자멸하기도 한다. 악의 없이.

특정 행동을 하기 전, 의사결정 단계에서 코기토는 자신의 행동이 코기토와 코기토 이외의 세계에 선한 결과로 귀결될지 아니면 악한 결과로 귀결될지 알 수 없다. 동기가 아닌 결과만으로 선악을 판단한다면 의사결정 단계에서는 알 수 없다. 의사결정 단계에서 가장 흔한 선악 판단의 잣대인 "타인에 대한 배려", "이타주의"를 기준으로 행동의 결과를 예측한다면, 내 행동의 결과는 선할까? 아니면, 악할까?

양주의 관점에서 성인이라면 쉽게 선을 예측할 수 있다. 성인이 아니라면 쉽게 선을 예측해서는 안 된다. 코기토가 행동을 관찰하며 스스로 지혜롭고 행동을 성공적으로 수행할 만큼 능력 있다고 해석했다면 행동의 결과를 선이라 예측할 것이다. 그리고 과감하게 실행에 옮길 것이다. 코기토가 지혜롭지 못하며 능력도 부족하다고 해석했다면 행동의 결과를 악이라 예측할 것이다. 그리고 행동을 자제할 것이다. 과감하게 실행에 옮긴 행동이 과연 얼마나 다른 사람에게 선으로 해석될까? 해를 끼치지 않는 수준으로 해석되기조차 쉽지 않을 것이다. 결과가 선으로 해석되지 않으면, 다시 말해서 행동이 선한 행동으로 다른 사람들의 인정을 얻지 못하면 의사결정 단계에서 코기토의 선한 동기는 위선이다.

행동의 결과를 알 수 없는 의사결정 단계에서 코기토가 악한 의도
는 없지만 스스로 이기주의자일 것이라 가정하고 행동을 결정하는
심리상태를 위악이라 부를 수 있다. 위선이 갖는 해악을 의사결정 단
계에서 막고자 하는 방법론적 이기주의다. 양주의 관점에서 백성자
고는 위악을, 우는 위선을 택했다.

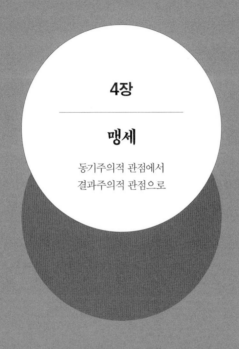

4장

맹세

동기주의적 관점에서
결과주의적 관점으로

코기토의 말: 동어반복과 맹세

커뮤니케이션에서 코기토는 말을 되풀이하거나 말로 미래의 행동을 지시한다. 코기토의 관점에서 말은 동어반복이거나 맹세다. 상대의 말을 되돌려주거나 현재 관찰하는 환경을 의미로 고정하는 말은 동어반복이다. 동어반복에는 수반되는 행동이 없다. 미래에 일어날 행동에 대한 지시가 맹세다. 루만의 관점으로 보면, 모든 의사소통은 양자 간의 대화, 즉 다이얼로그로 환원된다. 여럿이 참여하는 대화에서도 발화자가 지시하는 선행 커뮤니케이션은 누군가의 말이며 그 말을 자기지시함으로써 동시에 타자지시가 발생하게 된다. 다이얼로그는 발화들로 구성되는데, 반드시 화자가 의도하는 청자가 다이얼로그의 상대는 아니다. 다이얼로그의 상대는 화자의 발화를 이어받는 청자다. 카페에서 앞의 연인이 아닌 옆 테이블의 누군가가 청자가 되어 말을 이어갈 수도 있다. 이 경우 다이얼로그는 일회적이고 일방적이다.

　다이얼로그의 상당 부분은 동어반복이다. 상대의 말을 되돌려준다. 상대의 말의 의미를 해석하고 그 해석을 토대로 상대의 말에 반응하는 다이얼로그가 아니라 상대의 말을 그대로 되묻거나 단순 반복한다. 코기토가 동어반복이라는 행동을 지시하는 이유는 자명하다. 상대의 인정을 얻어 다이얼로그를 계속하기 위해서다. 다이얼로그의 상대가 동어반복을 할 때 동어반복이라 해석하지 않고 이해받았다고 해석하는 코기토 때문이다. 상대가 이해하지 못한다고 생각하면 다이얼로그는 중단된다. 벽을 보고 이야기하고 싶은 사람은 없다. 코기토는 다이얼로그를 이어가고 싶다. 가장 안전한 행동 지시는 동어반복이다.

코기토는 말로 행동을 지시한다. 행동하기 전에 반드시 언어로 생각하지는 않는다. 자신이 방금 한 행동을 말로 환원할 수 있으므로 말로 행동을 지시했다고 할 수 있다. 다만 의식적으로 그 과정을 하지 않았을 뿐이다. 습관적 단순 행동은 행동 지시가 생략된다. 말로 지시하는 행동은 재귀적이다. 만약 상대에게 말로 지시하는 행동을 한다면 상대는 대개 불쾌감을 느낄 것이다. 행동을 지시하는 말투가 명령어로 이루어져 있는 경우가 많기에 듣는 사람은 이래라저래라 한다고 느끼게 된다. 따라서 코기토는 대개 코기토가 내 몸이라고 인지하는 몸에 한하여 말로 행동을 지시할 수 있다.

말로 행동을 지시하는 코기토는 상대의 행동을 지시할 필요가 없음을 안다. 들은 말을 되돌려주어 상대에 대한 호의를 표시한다. 동어반복이다. 혹은 행동을 지시하여 상대가 지시대로 행동하는 경우도 있다. 권위에서 나오는 권력과 물리력에서 나오는 권력이 말로 지시하는 행동을 이끌어낸다. 이제 코기토는 하나 이상의 몸을 갖는다.

어떤 말이 현재 상태, 현재 행동의 서술이 아니라 미래 행동의 예언이라면, 기억이라 부르는 과거의 관찰로 구성된 현재의 코기토에게 이 말은 행동 의지 즉 맹세다.

맹세에 대한 결과주의적 관점: 순자의 경우

『논어』, 『맹자』, 『순자』로 대표되는 유가서뿐만 아니라 『한비자』, 심지어 『묵자』, 『열자』 「양주」에 이르기까지 성인으로 대표되는 완전한 인격체를 언급한다. 유가에서는 완전한 인격체인 성인의 코기토가 자신의 몸에 지시한 행동이 禮의 골간이 된다고 설명한다. 성인의 예를 언급하며 수많은 예서(禮書)가 나왔다. 예서의 도덕규범(moral code)을 내면화하고, 도덕규범이 성공적으로 실현된 행동을 자기지시하며, 그러한 행동들로 정체성을 구성하는 사람을 군자라 부른다. 스스로 군자라 생각하는 코기토의 관점에서는 일상이 수신(修身)이다. 이러한 행동들은 코기토 외부의 관찰에는 군자연(君子然)으로 보인다. 군자의 진정성은 자신의 코기토 내에서 진실일 뿐, 코기토 외부에서는 군자연, 즉 위선으로 관찰되기 쉽다. 진정성에 핵심인 일관성을 갖기가 어렵고, 일회적 행동일지라도 제2의 천성으로 보일 만큼 성공적인 행동 역시 어렵기 때문이다. 천성으로 보일 만큼 일관된 자연스러운 행동을 성공적으로 해내는 군자만이 "성인군자"로서 성인과 나란히 설 수 있다.

말과 관련된 경구는 대개 신중함을 강조한다. 신중함을 강조하다 보니 달변보다는 눌변을, 말주변보다는 과묵함을 신중한 성품의 척도로 높이 사기도 한다. 말을 신중하게 해야 하는 까닭은 신뢰 때문이다. 말과 말이 가리키는 사물이 일치할 때 말은 신뢰를 획득한다. 언필신(言必信) 즉 "말은 반드시 믿을 수 있어야 한다"라는 구절이 『논어』「자로(子路)」편에 나온다.

자공이 묻는다. "어떻게 해야 사(士)라 부를 만합니까?" 공자가 말한다. "행동에 부끄러움이 있으며 천지사방에 사신으로 가서 군주의 명을 욕되게 하지 않으면 士라 할 만하다." 자공이 묻는다. "감히 그다음을 여쭙겠습니다." 공자가 말한다. "종친들이 효자라 칭하고 마을 사람들이 공손하다고 칭하는[119] 자다." 자공이 묻는다. "감히 그다음을 여쭙겠습니다." 공자가 말한다. "말은 반드시 신뢰가 있고 행동은 반드시 결과가 있는 것(言必信 行必果)은 자잘한 소인이나 그럼에도 그다음이 될 수 있다." 자공이 묻는다. "지금 정치에 종사하는 자는 어떻습니까?" 공자가 말한다. "으음, 좁디좁은 사람들이니 어찌 가늠할 수 있겠는가."[120]

언필신은 『논어』「자로」편에 나오는 정명(正名), 즉 "이름을 바로잡는다"는 구절과 더불어 유가철학에서 말과 행동의 일치, 말과 행동의 일치를 통한 규범 정립을 함축하는 개념이다. 말과 행동이 일치하여야만 한다는 전제가 없다면 말을 통해서 행동을 이끌거나 교정할 수 없다. 말을 통해 행동을 지시하기 위해서는 우선 언행일치가 규범으로 자리 잡아야 한다. 언필신은 정명을 통한 유교적 사회질서 구축의 전제에 해당한다. 정명이 함축하는 유교적 질서에 대해 2020년 발표한 「선진철학에서 의사소통에 관한 일고찰」[121]에서 다음과 같이 해석하였다.

이름이 바르지 않으면 말이 순리에 맞지 않는다, 즉 논리적이지 않다. 말이 논리적이지 않으면 그 말을 집행할 때 제대로 되지 않는다. 예악은 규범에 해당한다. 말이 논리적이지 않아서 말에 따라 실행할 수가 없으므로 말의 실행, 곧 실제 사례들에 규칙성이 없어 규범이 생기기 어렵다. 규범이 생기지 않으니 법의 집행 역시 현실과 맞지 않는다. 법과 법에 따른 집행이 일관되지 않으면, 즉 법에 예측가능성이 없으면 국민은 안절부절못하게 되고 생업을 이어갈 수가 없다. 따라서 군자가 이름을 붙이면 반드시 말을 할 수 있게 된다. 군자는 이름을 붙이는 권위를 가진 사람이다. 이름을 '바로' 붙이는 것으로부터 말에 논리가 생긴다. 바꾸어 말하면, 이름을 붙이는 권위를 가진 사람이 이름을 제대로 붙였다면 반드시 말이 될 수밖에 없다. 말에 논리가 서면 말에 따라 행동할 수 있게 된다. 말이 되면 말대로 실행할 수도 있게 된다. 군자는 자신이 붙이는 이름과 그에 따른 말에 거리낌이 있거나 사욕이 있어서는 안 된다. 자신과 남에게 일관되게 적용되는 보편적인 이름과 그에 따른 말이어야 하기 때문에 이름 붙이기와 말에 보편성을 해치는 뭔가 석연치 않은 점이 있어서는 안 된다는 의미이다.

언필신을 주제로 쓴 2020년 논문은 동기에 초점을 맞춰 신뢰를 개념화하는 동양철학 연구에 결과주의적 관점을 도입하려는 시도였다. 언행일치에 대해서 "공자는 내적으로 덕을 닦았다면 이 덕은 사리에 맞고 합당한 말로 표현될 수 있을 것이라는 점을 강조하고 있다"[122]라는 관점이 동기주의 관점을 대변한다. 이러한 동기주의적 관점에 대하여 결과주의적 관점을 제공하는 문헌은 『순자』다.

『순자』는 말과 도덕성에 대한 기본 논리는 유가철학의 기본 관점을 따르고 있다. "말 자체의 정합성"은 중요하지만, 그것만으로는 도덕성을 실현하기에 부족하다는 논변이 『순자』에서도 나타난다.

> 일반적으로 말이 선왕과 맞지 않으면 예의에 맞지 않는다. 이를 간사한 말이라 한다. (이런 말은) 비록 (좋은) 논변이어도 군자라면 듣지 않는다. [...] 사람이란 좋다고 생각하는 바를 말하는 것을 좋아하지 않는 사람이 없다. 군자라면 더 심하게 그러하다.[123]

"좋은 논변"이라 번역한 辯은 논리적 정합성이라는 뜻[124]이다. 위의 인용문에 나오는 "선왕의 말"은 문맥상 예의 즉 옳은 행동을 제시하는 말이다. 말이 선왕의 말과 맞으면 곧 예의에 맞으며 이 말을 행동으로 옮기면 옳은 행동이 된다. 달변, 즉 말을 잘한다는 것은 수사적으로 뛰어나거나 목소리가 좋아서 전달이 잘된다는 의미도 있지만, 인용문에서와 같이 말에 수반되는 행동의 맥락에서 본다면 "논리적 정합성이 있어서 설득되는 말"이라는 뜻이다. 달변에 설득되면 행동으로 옮기게 되며 행동으로 옮기기도 쉽다. 상대어는 어눌함(訥), 즉 눌변인데 전달력이 떨어진다는 의미다. 전달력이 떨어지는 이유는 논리적 정합성은 있지만 목소리나 발음이 알아듣기 어렵거나 어투나 수사가 좋지 않을 수도 있다. 그러나 논리적 정합성 자체가 결여되어도 전달력은 떨어진다. 목소리나 어투, 수사 등의 문제로 전달력이 떨어진다면 재차 물어서 의미를 확인하고 행동으로 옮길 수 있다. 그러나 논리적 정합성이 떨어지면 행동으로 옮기기 어렵다.

『순자』에서 말하고자 하는 욕망은 인간의 본능으로 간주된다. 스스로 좋다고 여기는 바를 말하고자 하는 욕망은 인간이면 누구나 가지고 있다. 군자는 그러한 욕망이 더 크다.[125] 군자는 많이 알고 정확하게 아는 사람이다. 그뿐만 아니라 그러한 앎을 다른 사람과 나누고 싶어 한다. 따라서 말이 많다. 그런데 군자의 말은 순간적으로 뱉어내는 말조차도 들을 만하다는 것이 『순자』의 관점이다. 아래 인용문은 군자의 말이 갖는 특징을 설명하고 있다.

군자는 반드시 논변을 전개한다. 사람이란 좋다고 생각하는 바를 말하는 것을 좋아하지 않는 사람이 없다. 군자라면 더 심하게 그러하다. 소인의 논변은 해롭고 군자의 논변은 仁하다. 말이 仁이 아닌 가운데 있다면 그 말은 침묵보다 못하며 달변이라도 어눌함보다 못하다, 말이 仁 가운데 있다면 말하기를 좋아하는 자가 낫고 말하기를 좋아하지 않는 자가 그만 못하다. 그러므로 仁으로부터 나온 말이 중대하다.[126]

말의 도덕성 여부는 仁에 달려 있다는 『순자』의 관점은 앞서 논한 『논어』의 관점과 일치한다. 仁에 기반을 둔 논변인가, 아닌가의 여부가 좋은 논변을 가리는 기준이 됨을 분명히 하고 있다. 군자의 논변이 좋은 논변인 이유는 군자의 논변이 달변이어서가 아니라 仁으로부터 나왔기 때문이다. 소인의 논변은 仁에 기반을 두지 않기 때문에 해롭다. 그러나 좋은 논변에는 말의 정합성 또한 중요하다. 좋은 논변이란 오직 仁에 기반을 두기만 하면 된다는 뜻은 아니다. 仁에 기반을 둔 말은 좋은 논변의 필요조건이지 충분조건은 아니다. 인용문에서 알 수 있는 좋은 논변의 순서는 다음과 같다. 仁에 기반을 둔 달변이 가장 좋고, 그다음이 仁에 기반을 둔 눌변이다. 이 둘은 좋은 말이다. 仁에 기반을 두지 않았기에 말하지 않는 침묵은 중립이다. 仁에 기반을 두지 않았음에도 하는 말인데 말 자체의 정합성이 떨어지고 논리도 빈약하여 설득력도 떨어지고 전달이 잘되지 않는 눌변이 차악이다. 仁에 기반을 두지 않았음에도 불구하고 논리가 유려하며 설득력을 갖추고 있고 전달이 잘되는 달변이 최악이다. 차악과 최악에는 주목할 만한 차이가 있다. 차악은 눌변이라 전달이 잘 안 되어서 그 말을 듣는 사람이 행동으로 옮겨 말이 실현될 가능성이 적은 반면, 최악의 경우는 전달이 잘되어 듣는 사람이 행동으로 옮길 가능성이 크다. 즉 仁에 기반을 두지 않은 말이 단지 말 자체의 不仁으로 머물지 않고 不仁이 행동의 결과로 실현될 가능성이 크다. 이 구절만을 보면, 말의 정합성만으로 도덕성을 담보할 수는 없지만 말의 정합성은 중요하다고 결론지을 수 있다.

논리적 정합성은 仁에 기반을 둔 말과 어떤 관련이 있는가?『순자』에서 논변은 군자의 말에 나타나는 가장 주목할 만한 특징이다. 군자의 말은 그냥 하는 말이 아니라 논변이다. 논변이란 논리적 정합성을 갖춘 말이다. 아래 인용문을 보면『순자』의 맥락에서 辯의 의미를 알 수 있다. 辯 즉 논변이란 어떤 사물 또는 상황의 단서, 나아가 근본을 드러내어 마침내 논리를 세우기 위해 하는 말이다. 논변을 통해서 사물 또는 상황을 관찰하고 명확하게 함으로써 사물 또는 상황에 대한 논리를 세우게 된다.

> 군자는 반드시 논변을 전개한다. 작은 논변은 단서를 드러내 보여주는 것보다 못하고 단서를 드러내 보여주는 것은 본분을 드러내 보여주는 것보다 못하다. 작은 논변은 관찰하도록 하고 단서를 드러내 보여주는 것은 분명히 하도록 하고 본분을 드러내 보여주는 것은 논리를 세우게 한다. 이렇게 성인과 士·군자의 구분이 갖추어진다. 소인의 논변이 있고, 士와 군자의 논변이 있으며 성인의 논변이 있다.**[127]**

논리적 정합성을 갖춘 말, 즉 논변은 군자가 하는 말의 특징이다. 군자는 논리적 정합성을 갖춘 말을 통해 듣는 사람의 행동을 유도한다. 논리적 정합성을 갖춘 말은 관찰하도록 하며 명확하게 하도록 하고 논리를 세우게 한다. 군자는 논변을 통해 듣는 사람으로 하여금 사물을 다시 잘 살피게 하고 단서를 주어서 사물을 분명하게 파악하도록 인도하며 궁극적으로는 개별 사물의 본질과 각각의 차이를 드러내 보임으로써 논리를 세우도록 한다. 군자의 말을 들으면 사물을 관찰하게 되고 분명히 인식하게 되고 사물에 대한 논리를 정립하게 된다. 그런데 "사물을 관찰하여 얻은 분명한 인식을 바탕으로 논리를 세우는 일"은 과연 옳은 일일까? 군자의 말을 따라서 하게 되는 행동이 옳은 행동이라면 군자의 말은 도덕성을 담보할 수 있다.

앞서 인용한 "군자의 말이 仁하다"는 구절을 상기할 필요가 있다. "소인의 논변은 해롭고 군자의 논변은 仁하다"고 하며, 그다음에 仁하다고 할 수 있는 근거를 제시하는 대신, "仁으로부터 나온 말이 중대하다"라는 부연으로 끝을 맺었다. 군자의 말이 仁한 근거를 넣어 두 구절을 다음과 같이 합치면 논리적 비약을 해소할 수 있다.

소인의 논변은 해롭고 군자의 논변은 仁하다. 군자는 반드시 논변을 전개한다. 작은 논변은 단서를 드러내 보여주는 것보다 못하고 단서를 드러내 보여주는 것은 본분을 드러내 보여주는 것보다 못하다. 작은 논변은 관찰하도록 하고 단서를 드러내 보여주는 것은 분명히 하도록 하고 본분을 드러내 보여주는 것은 논리를 세우게 한다. 말이 仁이 아닌 가운데 있다면 그 말은 침묵보다 못하며 달변이라도 어눌함보다 못하다. 말이 仁 가운데 있다면 말하기를 좋아하는 자가 낫고 말하기를 좋아하지 않는 자가 그만 못하다. 그러므로 仁으로부터 나온 말이 중대하다.

앞서 두 인용문을 합친 이 글의 논지는 다음과 같다. 1. 군자의 논변은 仁하다. 2. 군자의 논변은 사물을 관찰하여 얻은 분명한 인식을 바탕으로 논리를 세우는 일을 할 수 있도록 인도한다. 3. 좋은 말이란 仁에 근거를 둔 말이어야만 하며 그렇지 않다면 침묵보다 못하다. 1과 2를 더하면, "사물을 관찰하여 얻은 분명한 인식을 바탕으로 논리를 세우는 일을 할 수 있도록 인도하는 군자의 논변은 仁하다"가 된다. 사물을 관찰하여 얻은 분명한 인식을 바탕으로 논리를 세우는 일은 仁이며 이를 할 수 있도록 인도하는 말은 仁하다. 군자의 논변이 仁한 이유는 사물을 관찰하여 얻은 분명한 인식을 바탕으로 논리를 세우는 일을 할 수 있도록 인도하기 때문이다. 군자의 논변을 따르면 사물을 관찰하여 얻은 분명한 인식을 바탕으로 논리를 세우는 일을 할 수 있게 된다.

질문으로 돌아가서, 논리적 정합성은 仁에 기반을 둔 말과 어떤 관련이 있는가? 사물을 관찰하여 얻은 분명한 인식을 바탕으로 세운 논리가 논리적 정합성이다. 사물을 관찰하여 얻은 분명한 인식을 바탕으로 논리를 세우는 일이야말로 논리적 정합성을 갖추는 일이다. 그러나 논리적 정합성을 갖춘 말이 곧 仁에 기반을 둔 말은 아니다. 仁에 기반을 둔 말은 듣는 사람으로 하여금 논리적 정합성을 갖추도록 하는 말이다. 군자의 논변은 자신의 말이 갖는 논리적 정합성을 자랑하기 위해 하는 말이 아니라 듣는 사람으로 하여금 사물을 관찰하여 얻은 분명한 인식을 바탕으로 논리를 세우는 일을 할 수 있도록 인도할 목적으로 하는 말이다. 듣는 사람을 그러한 행동으로 인도할 수 없다면 침묵을 지키는 것이 낫다. 듣는 사람으로 하여금 관찰하고 명확하게 인식하고 논리를 세우게 하는 말은 성인, 士, 군자의 말이 갖는 특징이다. 성인, 士, 군자는 논변을 잘하는데 이들의 논변은 仁에 근거를 둔다. 즉 자기자신의 논리적 정합성을 드러내기 위해 논변을 하지 않고 다른 사람에게 논리적 정합성을 갖추게 할 목적으로 논변을 한다.

"이렇게 성인과 士·군자의 구분이 갖추어진다. 소인의 논변이 있고, 士와 군자의 논변이 있으며 성인의 논변이 있다"는 구절에 이어서, 논변에도 질적인 차이가 있다는 내용이 나온다. 논변이 仁에 근거를 둔다는 점에서 성인, 士, 군자의 논변과 소인의 논변이 구분되지만, 士와 군자의 논변은 성인의 논변과 차이가 있다. 성인의 논변은 미리 생각하거나 계획하지 않아도 논변이 나오고 나오는 족족 합당하며 士와 군자의 논변은 미리 생각하고 계획하여 순식간에 나오는 말이라도 들을 만하며 해박하고 올바르다.[128] 士와 군자는 성인처럼 태어나면서부터 저절로 아는 사람이 아니라 노력하고 공부하여 앎에 이르는 사람이기 때문에, 평소에 모든 것에 대해 생각하는 습관을 가진 사람이다. 따라서 갑작스러운 상황에서 순식간에 하는 말도 논리정연하고 올바르다. 이러한 성인군자의 말은 논리도 일관성도 없는 소인의 말과 대조된다.

> 그 말을 들어보면 잘 꾸민 논변이나 일관성이 없다. (그 말을) 그 자신에 준용해보면 사기가 많고 실제로 이루어진 것은 없다.[129]

이후 소인의 말에 나타나는 여러 특징들이 이어진다. 「비상(非相)」편은 이러한 소인의 말에 대한 다음과 같은 비판으로 끝을 맺는다. 이러한 자들이야말로 "간사한 자들의 우두머리"라 할 수 있는데 성왕(聖王)이 나오면 가장 먼저 처벌받을 자들로 심지어 도둑보다 나쁘다. 도둑은 변할 수 있는데 이러한 자들은 변하지 않는다.

맹세에 대한 결과주의적 관점 2: 묵자의 언필신 행필과

『묵자(墨子)』에 나타난 언필신의 딜레마를 살펴볼 필요가 있다. 언필신은 맹세로서의 말을 의미한다. 동기주의적 관점에서든, 결과주의적 관점에서든 유가철학에서 말은 맹세다. 선진 유가철학 문헌을 살펴보면, 현대의 관점에서는 사적인 대화에 속하는 일상의 말들에서조차 말은 맹세로 기능한다. 다시 말해서 이들 문헌에 나타난 말들은 정치적 의사소통이며 화자는 호모폴리티쿠스라 할 수 있다. 유가와 여러 지점에서 대립하는 묵가의 문헌에서 이를 재확인할 수 있다. 유가와 묵가의 대립은 철학적으로도 역사적으로도 이미 정설로 굳어진 바다. 유가와 묵가는 정치 및 사회 제도 전반에 걸쳐 서로 상반되는 주장을 펼쳤는데 상대를 겨냥한 비판도 서슴지 않았다. 그 이면에는 대립을 가능하게 한 공통점이 자리하고 있다. 유가와 묵가는 정치를 중심으로 한 사회질서가 인간의 삶에서 가장 중요하다고 생각했다.

　『묵자』에도 "언필신 행필과(言必信 行必果)"[130]라는 구절이 나오는데, 士에 대한 묘사다. 『묵자』에서 士는 유가철학을 실천하는 지식인을 가리킨다. 『묵자』에서 "언필신 행필과"는 士가 지켜야 할 도덕 규범을 대표한다.

> 만약 두 명의 士가 있는데 그들의 말은 반드시 신뢰가 있고 행동은 반드시 결과가 있어서 언행이 마치 부절(符節)을 합친 것처럼 딱 들어맞으며 행동으로 옮겨지지 않는 말은 없다고 가정하자. 그러면 감히 묻겠다. 지금 여기 평원과 광야에 갑옷 입고 투구 쓰고 전쟁하러 가는데 생사 분별은 알 수 없다. 또 임금의 대부가 멀리 巴, 越, 齊, 荊 같은 나라에 사신으로 가게 되었는데 가고 올 수 있을지 아닐지 알 수가 없다. 그러면 감히 묻겠는데, (다음과 같은 상황에서) 가족을 어찌할지 알지 못할까? 친척을 모시고 처자를 거느리고 의탁하려 할 때, 겸애가 옳다고 여기는 쪽에 의탁하겠는가, 차별이 옳다고 여기는 쪽에 의탁하겠는가? 나는 이것이 타당하다고 생각한다. 천하의 어리석은 남자, 어리석은 여자 할 것 없이, 비록 겸애하는 사람을 비난할지언정 겸애가 옳다고 여기는 쪽에 반드시 의탁한다. 이는 말로는 겸애를 비난하면서도 선택은 겸애를 취하는 것이니, 곧 이는 말과 행동이 어긋나는 것이다. 천하의 士가 모두 겸애를 듣고서도 이를 비난하는 까닭이 무엇인지 알지 못하겠다.[131]

이 구절은 "언필신 행필과"를 실천하는 士라면 겸애를 비난할 수 없다는 주장을 담고 있다. 그 주장을 한마디로 요약하면, "언필신 행필과"는 유가철학을 대표하는 仁 개념보다 묵가철학을 대표하는 겸애

(兼愛) 개념의 도덕규범에 가깝다는 것이다. 이 구절에서 "언필신 행필과"는 말과 행동이 일치하고, 행동으로 옮겨지지 않는 말은 없다는 뜻으로 풀이된다. 또, 이 구절에서는 원문에서 兼 즉 내 가족과 다른 사람의 가족을 가리지 않고 동등하게 대우하는 태도와 別 즉 내 가족과 다른 사람의 가족을 구별하여 내 가족을 다른 사람의 가족보다 우선하는 태도를 전자는 묵가의 겸애, 후자는 유가의 仁으로 서로 대조하고 있다. 이 두 가지 전제하에서, 전쟁에 나가거나 변방 혹은 적국에 사신으로 가게 되어 돌아올 기약을 할 수 없는 상황에서 가족을 다른 사람에게 부탁해야 하는 경우, 일반적으로 취하는 행동이 가정으로 주어진다. 가족의 안위를 걱정하는 일반적인 사람이라면, 兼을 실천하는 사람, 즉 내 가족과 다른 사람의 가족을 차별하지 않는 사람에게 자신의 가족을 의탁할 것이다. 내 가족을 다른 사람의 가족보다 우선하는 것이 당연하다는 別의 철학을 가진 사람을 일부러 골라서 가족을 의탁하지는 않을 것이다. 심지어 평소에 자신의 가족과 다른 사람의 가족을 구별하지 않고 동등하게 대우하는 사람을 비난했던 사람조차도 이러한 상황에서라면 평소의 비난과는 반대로 행동할 것이다. 평소 자신이 했던 말을 쉽게 잊어버리고 말과는 상반된 행동을 하는 천하의 어리석은 남녀들은 평소에는 兼을 비난하고 別이 옳다고 생각하면서도 자신의 가족을 의탁해야 하는 상황이 되면 兼을 실천하는 사람에게 의탁한다. 이러한 어리석은 남녀는 말과 행동의 일치를 추구하거나 행동으로 옮겨지지 않는 말이 없어야 한다는 신념을 갖고 있지 않다. "언필신 행필과"를 도덕규범으로 삼은

士는 어떠한가? 평소에 兼을 비난하는 士라면 자신의 가족을 차별할 사람에게 의탁해야 할 것이다. 앞의 구절의 논리를 따르면, "언필신 행필과"를 실천하는 士라면 내 자식을 자신의 자식과 차별하지 않고 동등하게 대접하며 길러줄 사람에게 자식을 의탁해서는 안 될 것이다. 만약 그러한 사람에게 자식을 의탁할 士라면, 행동으로 실천하지 않는 말이 있어서는 안 되므로 적어도 평소에 兼을 비판하는 말을 입 밖에 내서는 안 된다.

"언필신 행필과"를 말하면서 兼에 대한 비판 또한 말하는 士가 만약 兼을 실천하는 사람에게 자신의 가족을 의탁했다면, 이러한 사람은 더 이상 士가 아니다. 앞서 인용한 『순자』에서 소인이 이에 해당한다. 『순자』에서 소인은 "그 말을 들어보면 잘 꾸민 논변이나 일관성이 없다. (그 말을) 그 자신에 준용해보면 사기가 많고 실제로 이루어진 것은 없다"고 묘사된다. 『순자』에서 이들은 도둑보다 나쁜 사람들로 비난받는데 그 이유를 『묵자』와 연결하여 추론해보면 좀 더 분명해진다. 평소에는 兼을 비난하며 자신이 실천하는 別 즉 자신의 가족을 다른 사람의 가족보다 우선하는 실천을 합리화하면서, 자신이 다른 사람에게 자신의 가족을 의탁해야 하는 상황이 되면 兼을 실천하는 사람에게 자신의 가족을 의탁함으로서 이익을 취하려는 사람이다. 이러한 소인은 자신의 가족이 만약 차별받는다면, 말을 바꾸어 兼에 의거하여 상대를 비난하기까지 할 사기꾼이다. 자신이 다른 사람의 가족을 돌보아야 할 때는 別에 의거하고, 자신의 가족을 다른 사람에게 의탁할 때는 兼에 의거하여 일관성이라고는 찾아볼 수 없는 사람이 『순자』의 관점에서 보면 소인이다. 앞서 『묵자』가 예로 든 士의 경우는 유가철학을 버리고 묵가철학에 귀의하든지 아니면 적어도 兼을 실천하는 묵가에 대한 비난을 멈추든지, 혹은 차별을 감수하고 동료 유가에게 가족을 의탁하든지 선택함으로써 일관성을 유지할 수 있다. 일관성을 버리고 자신의 이익을 위해 "언필신 행필과"의 도덕규범을 버리면 소인으로 전락한다.

　이렇게 본다면, 『논어』「자로」편에 나타난 소인과 『순자』에 나타난 소인과는 차이가 있다. 이 차이를 어떻게 해석할 것인가? 연대기적 접근을 취한다면, 공자의 시대에 비해 사회적 혼란이 가중된 순자의 시대를 반영하여 낮아진 도덕적 기준이 반영된 결과라고 볼 수도 있다. 다시 말해서, 도덕적 기준을 높게 설정한 공자는 언필신, 즉 말의 일관성에 얽매여 말이 실현하고자 하는 인의, 즉 도덕성을 망각하지 말 것을 경계한 반면, 공자보다 혼란한 시대를 마주한 순자는 조변석개, 아전인수를 일삼는 행태를 경계하며 말의 일관성을 강조하였다고 볼 수 있다. 혹은 소인이라는 말의 의미가 『논어』와 『순자』에서 서로 달랐다고 단순하게 이해할 수도 있다. 앞서 밝힌 대로, 전자에서 소인이 士 중에서 역량이 부족한 사람을 가리킨다고 보면 후자에서 소인은 유가 텍스트에서 흔히 사용되는 용례대로 군자의 상대어로서 "善이 결여된 사람"을 가리킨다. 이 외에, 텍스트 내에서 맥락의 일관성 즉 텍스트를 하나의 완결된 논리 구조로 보고, 그 논리 구조에 비추어 각각의 개념, 구절, 용어를 해석하는 방법도 가능하다.

　앞서 언급한 바와 같이, 『논어』에서 "언필신 행필과"는 같은 「자로」편에 나오는 정명(正名) 개념과 비교하여 분석할 필요가 있다. 정명이 되면 저절로 행동이 수반되기 때문에 굳이 "언필신 행필과"에 연연할 필요가 없다. "언필신 행필과"에 연연하는 사람은 "역량이 작은 사람" 즉 小人이다. 역량이 큰 군자는 정명을 함으로써 그 아래 도덕규범인 "언필신 행필과"에 연연하지 않아도 말의 일관성이 저절로 실현되는 구조를 만든다. 지식과 역량이 군자에 비해 부족하여 겨우 士로서 자신을 지키며 살아갈 수밖에 없는 소인은 정명을 할 지위에 있지도 않고, 지식이 풍부하지도 않으며 역량도 부족하다. 군자로서 정명을 하지 못하기에 "언필신 행필과"에 연연할 수밖에 없는 사람을 군자에 대하여 "소인"이라 칭한 것이다.

전 편에 걸쳐 유가철학을 비판하는 『묵자』에서 "언필신 행필과"는 士의 정체성을 대표하는 도덕규범으로 지목된다. 언행일치를 실천하지 못하면 유가철학에 기반을 둔 士라고 할 수 없다. 인용문에서 논변의 대전제에 해당하며, 유가(儒家)라면 적어도 이를 부정할 수는 없다는 관점이 드러난다. 이러한 『묵자』에서 유가 비판은 『논어』「자로」편과 『순자』에서 확인된 "말과 신뢰의 관계", 유가철학에서 말-행동-신뢰로 이어지는 도덕규범의 중요성을 재확인한다. 『논어』, 『순자』와 같은 유가 텍스트뿐만 아니라 『묵자』에서도 말-행동-신뢰가 유가 도덕규범의 핵심을 구성한다는 점이 확인된다.

특기할 점은 말과 행동의 일치가 신뢰로 이어지는 도덕규범이 단지 유가만의 도덕규범은 아니라는 점이다. 『묵자』「수신(修身)」편에 나타난 묵가의 도덕규범 역시 대동소이하다.

말(言)에 힘쓰면서 행동에 느리면 비록 논변(辯)을 한다 해도 반드시 듣지 않을 것이다. 능력이 많아도 공을 자랑하면 비록 수고한다고 해도 반드시 함께 일하려 하지 않을 것이다. 지혜로운 사람은 마음으로는 논변을 하여도 빈번하게 발설하지는 않으며 능력이 많아도 공을 자랑하지 않는다. 이렇기 때문에 명예를 천하에 떨친다. 말은 많이 하려 힘쓰지 말고 행함에 힘쓰고, 지능은 (남에게 잘 보이기 위해) 치장하는 데 힘쓰지 말고 (스스로를) 살피는 데 힘써야 한다. [...] 선(善)이 마음의 중심에 없는 사람은 (이름을) 남기기 못하고 행동이 자신의 논변에 없는 사람은 (명예를) 세우지 못한다. 이름은 단순하게 이루어질 수 없으며 명예는 기교로 세울 수 없다. 군자란 자기자신으로써 행동하는 사람이다.[132]

위의 인용문에 나타난 묵가의 관점은 행동이 따라주지 않는 말에 대한 경계와 더불어 논변에는 반드시 행동이 뒤따라야 함을 강조하는 점까지 유가와 같다. "군자란 자기자신으로서 행동하는 사람"이라는 관점은 정치를 중심에 둔 사회질서, 통치자를 중심으로 유지되는 공동체에 주목한 유가와 묵가에 공통된 통치자의 자질이다. 만약 군자가 말한 것을 모두 행동으로 옮기는 사람이라면 군자의 말은 곧 행동이다. 생각이 말이 되고 말이 행동이 되므로 군자는 자기자신의 생각, 말, 자신의 모든 것을 사용하여 행동하는 사람, 즉 "자기자신으로서 행동하는 사람"이다. 군자는 자신의 논변을 반드시 실천한다. 실천하지 않을 말은 하지 않는다. 따라서 "지혜로운 사람은 마음으로는 논변을 하여도 빈번하게 발설하지는 않"는다. 논변 그 자체로서는 정합성을 가진, 충분히 타당한 말일지라도 말 자체의 정합성만을 가지고 발화 여부를 결정할 수는 없다. 논리적 사고야말로 지혜로운 사람의 특질이다. 지혜로운 사람이기에 논변을 멈출 수 없다. 그러나 모든 논변이 다 발화될 수는 없다. 반드시 실천에 옮겨야 하기 때문이다. 이렇게 본다면 유가에서나 묵가에서나 군자의 말은 곧 맹세다.

맹세에 대한 결과주의적 관점 3: 아감벤의 정치적 약속

말에는 말에 부합하는 사실, 행동이 반드시 수반되어야 한다는 뜻을 가진 "언필신"에는 맹세의 의미가 강하게 담겨 있다. 특히 공적인 말이 그러하다. 조르조 아감벤(Giorgio Agamben)은 『언어의 성사(*Il Sacramento del Linguaggio*)』에서 맹세를 "정치적 약속의 기초"[133]로 보고 "맹세란 무엇인가"라는 물음을 다음과 같이 제기한다.

> 만약 맹세가 정치적 동물로서의 인간 자체를 규정하고 의문에 부치는 것이라면 과연 맹세에 무엇이 걸려 있기에 그러한 것일까? 만약 맹세가 정치적 권력의 성사라면 그 구조와 역사 속의 무엇이 과연 맹세에 그러한 기능이 부여되도록 해준 것일까?[134]

정치적 동물로서의 인간 자체를 규정하는 맹세에는 무엇이 걸려 있는가? 맹세에 걸린 것은 맹세의 주체가 되는 사람 그 자체다. "맹세는 진술 일반에 관한 것이 아니라 그 효력의 보증에 관한 것이다. 언어 일반의 기호론적 내지는 인지적 기능이 아니라 그것의 진실함과 그것의 실현에 대한 보증이 관건인 것이다."[135] 맹세의 기능이 "언어의 진실과 효력을 보증하는 것"[136]이라고 한다면, 언어의 진실과 효력은 단지 화자에게 국한된 것은 아니다. 맹세의 주체를 단지 화자가 아니라 청자, 다시 말해서 화자와 함께 말을 실현하고 맹세의 실현 여부를 판정하는 사람들까지 확장한다면, 언어의 진실과 효력은 그 말이 실현될 사회적 상황, 공동체의 현재와 미래로 확장된다. 그 말이 실현되고 안 되고의 여부는 일차적으로는 화자와 청자를 포함한 주체의 사람됨, 인격, 능력에 달려 있지만 동일한 사람됨으로도 사회적 상황, 역사적 국면에 따라 실현 여부가 달라짐을 생각할 때, 맹세의 실현 여부는 공동체의 현재와 미래를 시사한다.[137]

「선진철학에서 의사소통에 관한 일고찰」의 2장에서 분석한 언필신에 대한 기존의 해석[138], 즉 동기주의적 해석은 "언어의 진실과 효력을 보증하는" 맹세의 기능을 단지 성인, 군자에게만 한정한 해석이라 할 수 있다. "언어의 진실과 효력을 보증하는" 덕, 다시 말해서 지위, 지식, 역량을 갖춘 성인, 군자의 말이어야만 "언어의 진실과 효력을 보증"할 수 있다. 『논어』「자로」편에서 언필신에 연연하는 소인은 "언어의 진실과 효력을 보증"할 만한 덕이 부족하기에 언필신에 연연할 수밖에 없는 것이다. 소인보다도 못한 사람은 언필신을 실현할 덕이 결여된 사람, 즉 "언어의 진실과 효력을 보증"할 수 없는 사람이기에 신뢰할 수 없다. 말과 신뢰에 대한 결과주의적 해석은 "맹세의 주체를 단지 화자가 아니라 청자, 다시 말해서 화자와 함께 말을 실현하고 맹세의 실현 여부를 판정하는 사람들까지 확장"한 해석이라 할 수 있다. 군자는 반드시 논변을 할 뿐만 아니라 즐겨 해야 하는데 그 이유는 군자의 말은 청자로 하여금 "사물을 관찰하여 얻은 분명한 인식을 바탕으로 논리를 세우는 일을 할 수 있도록 인도할 목적"을 가지고 있기 때문이다. 군자의 말이 듣는 사람으로 하여금 논리적 정합성을 갖추어 듣는 사람 자신도 군자처럼 언필신을 실현할 수 있게 되는 시점에서 군자의 말은 "언어의 진실과 효력을 보증"할 수 있게 되며, 결과적으로 仁을 실현할 수 있게 된다. 군자의 말은 내재된 도덕성이나 동기 때문에 仁한 것이 아니라 다른 사람에게 미치는 결과 때문에 仁하다.

5장

코기토의 욕망

자기애와 자기편애

루소의 자기애와 자기편애

코기토가 관찰하는 대상이 코기토일 때, 코기토는 주어이며 목적어다. 코기토는 스스로를 관찰하며 스스로를 사랑하고 스스로를 욕망한다. 그러면 코기토 외부의 세계는? 코기토 외부의 세계에 대한 욕망 역시 스스로에 대한 욕망으로 환원됨을 관찰한 사람은 루소다.[139] 루소는 인간이 자기자신에 대해 가지는 애착, 사랑을 두 가지로 구분했다. 자기애(amour de soi)와 자기편애(amour-propre)다. 자기애는 단적으로 말해서 자기보존의 욕구, 자기편애는 다른 사람보다 자신을 우선시하는 욕구로 설명할 수 있다. 루소는 「보몽에게 보내는 편지」[140]에서 다음과 같이 말한다.

나의 모든 글에서 내가 추론의 근거로 삼았으며, 지난 글에서 할 수 있는 한 최대로 명확하게 전개했던 모든 도덕의 기본원리가 있다. 그것은 인간은 자연적으로 선한 존재여서 정의와 질서를 사랑한다는 것, 인간의 마음에는 본래적인 도착성이 결코 있지 않다는 것, 그리고 자연의 첫 운동들은 항상 곧다는 것이다. 나는 인간과 함께 태어나는 유일한 정념인 자기애는 그 자체로는 선, 악과 무관한 정념이며, 우연한 사고에 의해 그리고 그것이 전개되는 상황들에 의하지 않고서는 좋거나 나쁘게 되지 않는다는 것을 보여주었다.[141]

루소의 관점에서 "자연적으로 선(naturellement bon)"한 상태의 인간은 정의와 질서를 사랑하며 그러한 상태로부터 촉발되는 행동은 도착적으로 꼬이고 굴절된 상태가 아니라 "항상 곧다". 자연적으로 선한 상태의 인간은 자기애를 가지고 있는데 자기애는 자기보존에 필수적인 정념이며 그 자체로는 가치중립적이다. 감각의 욕구와 질서에 대한 사랑이 동시에 존재하는 자기애는 "우연한 사고에 의해 그리고 그것이 전개되는 상황들에 의"해 좋거나 나쁘게 변할 수 있는 가능성이 암시되어 있다. 자연 상태를 다른 사람에 대한 인지가 없는 상태, 혹은 고립의 상태라고 본다면, 자기애를 인간과 함께 태어나는 "유일한" 정념이라고 볼 수 있다. 그러나 다른 사람이 고통받는 것을 좋지 않다고 여기는 연민(pitié), 즉 종족에 대한 연민도 동물에게서도 찾아볼 수 있을 만큼 일차적이고 자연적인 정념이다. 자기애, 자기편애, 연민 등을 정념(passion) 혹은 감정(sentiment)이라 부른다. 루소는 이어서 말한다.

질서에 대한 사랑이 전개되고 능동적이 되면 양심이라는 이름을 갖지만, 양심은 오직 인간의 앎(lumières)과 함께 전개되고 움직인다. 인간은 앎을 통해서만 질서를 인식하게 되며, 질서를 인식할 때라야 양심을 통해 질서를 사랑하게 된다. 따라서 아무것도 비교해보지 않아서 자신이 속한 관계들을 본 적도 없는 인간에게 양심은 아무것도 아니다. 이 상태의 인간은 오직 자신만을 인식하며, 자신의 안녕이 다른 누구의 안녕과 대립하거나 호응하는 것을 보지 못하고, 어떤 것도 증오하지 않고 어떤 것도 사랑하지 않는다. 오로지 신체적 본능에만 한정되어 있기에, 그는 아무것도 아닌 존재, 짐승이다. 이것이 내가 『불평등기원론』에서 보여주었던 것이다.[142]

짐승의 상태가 아닌 인간의 상태는 바로 사회 상태다. "앎(lumières)" 은 글자 그대로 "빛"이다. 밝음 속에서 인간은 구별한다. 자신의 안녕과 타인의 안녕을, 감각의 욕구와 질서에 대한 사랑을, 증오의 대상과 사랑의 대상을. 어둠 속에서 인간은 비록 자기애를 가지고 있다고 해도 오직 감각의 욕구만이 활성화될 뿐, 질서에 대한 사랑을 인식할 상황에 놓이지 않는다. 루소는 이러한 상태의 인간을 짐승이라 부른다. 빛 속에서 사물을 비교하고 자신과 남을 비교하는 가운데 구별이 생기고 "자신이 속한 관계들을 본" 후에라야 인간은 자기애 속에서 질서에 대한 사랑을 인식하게 되고 양심이 전개된다. 위의 인용문에 바로 이어지는 내용은 사회 상태에 대한 묘사인데, 사회 상태에서 비로소 선악의 대립이 발생하며 양심이 활동하기 시작한다.

나는 인간들이 동류에게 눈을 돌리도록 한 어떤 전개의 진행을 보여주었다. 그런데 이것이 시작되자, 인간들은 또한 인간들 사이의 관계와 사물들 사이의 관계를 보기 시작하고 적합, 정의, 질서의 관념들을 가지기 시작한다. 도덕적 미가 감지되기 시작하여, 양심이 움직인다. 이때 인간은 덕을 갖는다. 그런데 인간이 악함 또한 갖게 되는 것은, 앎이 확장됨에 따라 이익(intérêts)이 교차하고 야심이 깨어나기 때문이다. 하지만 이익의 대립이 앎의 협력보다 덜한 동안에는, 인간은 본질적으로 선하다. 이것이 두번째 상태이다.[143]

"본질적으로 선(essentiellement bon)"한 상태는 앞서 말한 "자연적으로 선(naturellement bon)"한 첫번째 상태와는 다르다. 본질적으로 선한 상태는 이익을 따르는 야심을 앎이 성공적으로 제압하고 있는 상태다. 이익을 따르는 야심이 앎을 이길 때 본질적으로 선한 상태는 깨진다. 그다음 이어지는 내용은 자기애로부터 자기편애로의 변화에 대한 내용이다. "본래적 선함의 연속적인 변질에 의해 어떻게 인간이 결국 지금의 자기자신이 되는가"[144]에 대한 대답이다. 그런데 이 대답은 곧바로 지금의 상태에서 벗어나려면 어떻게 할 것인가라는 질문을 낳는다.

마침내 모든 개별이익이 움직여 서로 충돌한다. 자기애는 발효를 거쳐 자기편애로 변한다. 의견으로 인해 모든 사람에게 전 우주가 필요하게 되면, 인간들은 모두 서로에 대한 타고난 적이 되어 오로지 타인의 나쁜 것에서만 자신의 좋은 것을 발견한다. 그러면 흥분한 정념들보다 약한 양심은 그 정념들에 의해 질식하고, 인간의 입에는 서로를 속이기 위해 만들어진 말만 남는다. 이제 한 사람, 한 사람은 공적 이익을 위해 자신의 이익을 희생하려는 척하고, 모두가 거짓말을 한다.[145]

루소에 따르면, 이러한 타락의 상태에서 벗어나기 위한 학문적 노력이 정치학이다. 앞의 인용에 곧이어 루소는 "공공선(bien public)이 자신의 선과 일치하지 않으면 누구도 그것을 원치 않는다. 따라서 이 일치가, 인민을 행복하고 선하게 만들려고 애쓰는 진정한 정치학의 목적이다"라고 말하는데 바로 이 지점이 루소가 고충을 토로하는 지점이다. 『사회계약론』은 루소가 내놓은 "진정한 정치학" 작업의 산물인데 "독자들도 잘 알지 못하는 낯선 언어"[146]가 되어버렸다. 그 이유에 대하여 루소는 이미 훼손된 언어들로 사유하는 것에 익숙해진 독자들이 자신의 언어를 이해할 수 없게 되어버렸기 때문이라고 말한다. 그리고 그럼에도 불구하고 현재의 타락에서 벗어나는 방법은 『사회계약론』에서 제시한 방법, 즉 스스로 부과한 법에 복종하는 일반의지의 창조물인 사회계약 이외에는 없다고 단언한다.

루소는 『인간불평등기원론(*Discours sur l'origine et les fondements de l'inégalité parmi les hommes*)』에서 자기편애에 대하여 다음과 같은 긴 주석을 달았다.

자기편애[147]와 자기애를 혼동해서는 안 된다. 이 두 정념은 그 성질로 보나 효용성으로 보나 크게 다르다. 자기애는 일종의 자연스러운 감정으로, 모든 동물로 하여금 자기보존에 관심을 갖게 한다. 인간의 경우에는 자기애가 이성에 따라 인도되고 동정심에 따라 변용되면서 인간애와 미덕을 낳는다. 그에 반해 자기편애는 사회 안에서 생기는 상대적이고 인위적인 감정에 지나지 않는다. 그것은 각 개인이 자기를 누구보다도 우선시하며 사람들이 서로 간에 행하는 모든 악을 일깨우는 동시에 명예의 진정한 원천이 되기도 한다.

이러한 점을 잘 이해하면 우리의 원시 상태로서의 참된 자연 상태에는 자기편애가 없다고 말할 수 있을 것이다. [...] 서로 평가하고 비교할 줄 모르는 사람들은 그것이 자기들에게 어떤 이득을 가져다준다 해도 서로 모욕은 주지 않으면서 폭력만 행사할 수 있다. 한마디로 개인은 동료 인간들을 다른 동물 정도로 볼 뿐이며 그 먹이를 빼앗고 자기의 먹이를 양보하는 일을 자연스럽게 생각한다. 그러므로 일말의 교만이나 경멸감도 없이 성공을 기뻐하고 실패를 슬퍼할 뿐 아무런 정념이 없다."[148]

"우리의 원시 상태로서의 참된 자연 상태"에는 "자기자신의 가치에 대한 유일한 재판관"은 자기자신뿐이므로 "자기의 힘이 닿지 않는 비교라는 것에서 나오는 감정"인 자기편애가 존재할 수 없다. "굴종의 끈은 인간 상호 간의 의존과 인간들을 결합시키는 상호적 필요성이 없으면 형성되지 않는다. 그러므로 누구나 어떤 사람을 복종시킨다는 것이 그를 다른 사람 없이는 살아가지 못하는 처지에 두지 않는 한 불가능하다는 것을 알 수 있다. 그런데 자연 상태에서는 이와 같은 처지가 존재하지 않는다. 따라서 자연 상태에서는 누구나 속박에서 전적으로 자유로우며 강자의 법칙은 무용지물이 되고 만다. 자연 상태에서는 불평등을 거의 느낄 수 없으며 그 영향도 거의 없다는 것"[149]이 루소가 말하는 자연 상태와 사회 상태의 차이[150]다.

사회 상태는 한마디로 불평등의 상태인데 루소는 "불평등의 기원과 발전을 인간 정신의 지속적인 진보 속에서 찾아"[151]보려 시도한다. "상호 간의 약속과 그로 인한 이득"[152]을 깨달은 인간은 여러 가지 인간관계를 만들고 기술을 발전시키고 토지를 경작하여 필연적으로 토지의 분배라는 문제가 생겼고 이는 사적 소유의 인정을 낳았으며 소유의 불평등으로 이어진다. "마침내 인간은 탐욕스러운 야심이나 진정한 필요성 때문이 아니라 재산을 늘려 남보다 우위에 서려는 열망 때문에 서로를 해치려고 하는 옳지 못한 경향을 불러일으키고, 더욱 확실한 성공을 거두기 위해서 친절의 가면을 쓰기 일쑤이기에 더욱 위험하다고 할 수 있는 은밀한 질투심을 불러일으킨다. 요컨대 한편으로는 경쟁과 대항이, 다른 한편으로는 이해의 대립이 있게되는데 이 모두가 남을 희생시켜 자기의 이익을 도모하려는 숨겨진 욕망일 뿐이다. 이 모든 악은 소유가 낳은 최초의 결과이며 이제 자라나기 시작한 불평등과는 따로 떼어 생각할 수 없는 동반자이다."[153]

『인간불평등기원론』에서 자기편애의 문제는 결국 "재산을 늘려 남보다 우위에 서려는 열망 때문에 서로를 해치려고 하는 옳지 못한 경향"의 문제로 압축된다. 『에밀』에도 유사한 내용이 반복된다.

자연에서 오는 최초의 감정의 움직임은 언제나 곧다. 그 사실을 이론의 여지가 없는 준칙으로 세워놓자. 따라서 인간의 마음에는 선천적으로 사악함이 없다. 인간의 마음속에 어떻게 어디를 통해 들어왔는지 말할 수 없는 악은 하나도 없다. 인간에게 유일한 자연적인 정념은 자기애 또는 광의에서의 자기편애[154]이다. 그 자기편애는 그 자체로 또는 우리에게 관계되는 한 좋고 유익한 것이다. 아이는 타인에게 필연적인 관계를 전혀 가지고 있지 않기 때문에 타인에 대해 천성적으로 무관심하다. 자기애는 그것의 적용과 그것이 갖는 관계에 의해서만 좋은 것이 되기도 하고 해롭기도 하다.[155]

자기자신만 생각하는 자기애는 자신의 진짜 욕구만 충족하면 만족한다. 하지만 자기편애는 자기를 남들과 비교하기 때문에 절대 만족하지 않으며 만족할 수도 없다. 왜냐하면 타인보다 자신을 더 아끼는 그 감정은 타인으로 하여금 그 자신보다 자기를 더 아껴주기를 요구하기 때문이다. 그런데 그것은 불가능하다. 그렇게 해서 온화하고 애정이 넘치는 정념은 자기애에서 유래하며, 앙심 깊고 성을 잘 내는 정념은 자기편애에서 유래한다. 따라서 인간을 본질적으로 선하게 만드는 것은 욕심을 거의 갖지 않는 일과 자신을 타인에게 거의 비교하지 않는 일이다. 인간을 본질적으로 악하게 만드는 것은 많은 욕심을 가지는 것과 세간의 의견에 아주 집착하는 일이다.[156]

루소 자신의 글들을 포함하여 루소에 대한 연구들은 자기편애가 다른 사람에 대한 연민을 누르고 과도해져서 "본질적으로 선 (essentiellement bon)"한 상태를 벗어나게 되는 경우에 초점을 맞춘다.

즉 다른 사람에 대한 연민을 누르는 자기편애를 억제해야 본질적으로 선한 상태를 벗어나지 않게 된다. 이렇게 본다면 상대적 박탈감의 해소는 자기편애의 억제로 환원된다. 그러나 자기편애 역시 자기애와 마찬가지로 그 자체로는 선도 악도 아닌 정념이다. 사회 상태에서 재산상 불평등을 비롯한 사회적 불평등이 심화되면서 "남보다 우위에 서려는 열망 때문에 서로를 해치려고 하는 옳지 못한 경향", "은밀한 질투심"과 연결되어 악으로 치우치게 되기 쉬울 뿐이다.

노이하우저(Frederick neuhouser)는 자기편애를 "남보다 우위에 서려는 열망"보다는 "다른 사람으로부터의 인정"과 관련하여 해석함으로써 자기편애에 대한 균형 잡힌 시각을 제공한다. 노이하우저에 따르면, "자신에 대한 사랑(self-love)"에 자기애와 자기편애라는 두 가지 형태(type)가 있는데, 자기편애는 다른 사람의 가치 판단과 관련되어 있다는 점에서 자기애와 구별된다. 그는 이를 "자기편애의 상대적 본질(amour-propre's relative nature)"[157]라 부르고 이에 대해 상세하게 논했다.

사실, 자기편애는 두 측면에서 상대적이다. [...] 첫째, 자기편애가 추구하는 선(the good)은 상대적 또는 비교적(comparative)이다. 인정을 원한다는 것은 관련된 다른 사람들 집단의 지위와 관련지어서 특정한 지위를 가지기를 원한다는 것이다. 여기서 중요한 점은 그 관련된 지위라는 것이 반드시 우월하거나 혹은 열등한 것일 필요는 없다는 점이다. 만약 어떤 사람의 자기편애가 단지 인간으로서 그가 받아 마땅한 존중—그가 동일한 방법으로 다른 사람에게 기꺼이 돌려주고자 할 그런 존중─을 추구하도록 이끄는 것이라면, 그가 추구하는 지위는 (다른 사람의 지위와 관련하에 정의된다는 점에서) 상대적이기는 해도 우월하지는 않다. [...] 둘째, 더 깊은 의미로, 자기편애는 다른 주체들과 관련되어 있다. 자기편애가 추구하는 선이 다른 사람들로부터의 인정이기 때문에, 그것이 충족되려면 다른 사람들의 견해가 필요하다─사실상, 다른 사람들의 견해로 구성되어 있다. 이 두번째 의미로 볼 때, 자기편애는 상대적이다. 왜냐하면 자기편애의 목적─다른 사람으로부터의 인정─은 그 특성상 사회적(social)이기 때문이다.[158]

요컨대, 자기애와 자기편애는 서로 구분되는 감정으로, 후자를 사회적 갈등과 대립을 야기하는 악의 씨앗으로 보는 견해가 지배적이었다. 자기애와 자기편애를 서로 연결된 감정으로 보는 관점조차 전자를 선, 후자를 악으로 보는 견해로부터 자유롭지는 않다.[159] 이러한 가운데 자기편애를 자기애와 마찬가지로 가치중립적인 감정으로 보는 관점, 특히 노이하우저와 같이 자기편애의 긍정적 측면에 초점을 맞춘 해석[160]은 뒤에서 언급할 상대적 박탈감을 야기하는 사회적 조건과 관련하여 주목할 필요가 있다.

순자에 나타난 자기애와 자기편애: 의와 예를 통한 결과주의적 선의 추구

동아시아 철학에서 상대적·비교적 선, 사회적 선과 관련된 대표적인 도덕 개념이 禮다. 禮는 동아시아 철학, 특히 유가철학을 대표하는 도덕 개념으로, 현대 동아시아 사회에서 여전히 영향력을 발휘하고 있다. 禮를 비롯하여 仁, 義, 孝 등 유가철학에 뿌리를 둔 도덕규범이 다른 사람과의 관계 속에서 개인의 행동을 도덕화하기 때문에 동아시아 윤리학, 나아가 동아시아 철학을 "사회철학"으로 보기도 한다. 禮는 사양지심(辭讓之心) 즉 "다른 사람에게 사양하는 마음을 가져라"라는 하나의 도덕규범을 넘어선다. 禮는 다른 사람과의 관계 속에서 개인과 개인을 상대화하고 비교하고 구별하고 그 차이에 따라서 차등을 두어 개개인의 행동을 제한하고 인도하는 도덕체계다.

다른 사람과의 비교를 통한 善의 상대화에 대한 긍정적 평가를 『순자』에서 찾을 수 있다.

준마는 하루에 천 리를 달린다. 걸음 느린 말도 열흘이라면 준마와 같다. 무궁한 것을 구하고 끝없는 것을 추구하려 한다면 뼈가 부러지고 근육이 끊어질 때까지 종신토록 하여도 서로 미치지 못하고 말 것이다. 그러나 그칠 곳이 있다면 천 리가 비록 멀지언정 늦든 빠르든 앞서든 뒤쳐지든 도달하지 못할 리야 있겠는가? [...] 반걸음씩 쉬지 않고 걸으면 절름발이 자라도 천리를 갈 수 있다. [...] 앞으로 갔다 뒤로 갔다, 왼쪽으로 갔다 오른쪽으로 갔다 하면 여섯 마리 준마라도 도달하지 못한다. 사람들의 재주와 성질의 차이가 어찌 절름발이 자라와 여섯 마리 준마의 발의 차이 같겠는가? 절름발이 자라는 도달하는데 여섯 마리 준마는 도달하지 못함은 다름이 아니라 한쪽은 실행하고 다른 한쪽은 실행하지 않기 때문이다.[161]

「수신(修身)」편에 수록된 이 인용문은 앞뒤 맥락을 볼 때, 士 이상의 사람들을 대상으로 하고 있다. 열심히 자신을 갈고닦아서 군자, 성인이 되도록 노력해야 하는 사람들에게 자신을 연마하는 자기계발의 기술을 알려주는 내용이다. 다시 말해서 자기계발의 일반론이라 할 수 있다. 『순자』에는 『논어』를 비롯한 유가 문헌이 그러하듯, 군자와 소인의 이분법이 자주 등장한다. 군자의 방법론은 소인의 방법론과 구별되고 차별화되어 군자의 방법론을 제시한다. 만약 이 인용문이 소인의 방법론으로 제시된 내용에 해당한다면 자기편애를 통한 자기계발은 성인, 군자가 아닌 소인의 방법론에 불과하며 바람직한 자기계발의 방법은 아닌 것으로 이해되어야 할 것이다. 그러나 이 인용문은 군자가 되고자 하는 士들을 대상으로 한 일반적인 자기계발론에 해당한다.

이 인용문은 『순자』의 관점에서 자기편애와 자기애가 분리된 두 가지 사랑이 아니라 서로 연결될 수 있음을 보여준다. 루소 역시 「보몽에게 보내는 편지」에서 자기애가 변하여 자기편애가 된다고 설명한다. 『에밀』에서는 "인간에게 유일한 자연적인 정념은 자기애 또는 광의에서의 자기편애"라고 말하며 자기애와 자기편애가 출발부터 분리되어 서로 대립하는 정념은 아님을 분명히 했다. 경제학에서 자연 상태의 특징으로 종종 제시되는 "희소한 자원"이 전제가 된다면, 자기편애야말로 자기애가 충족되기 위해 요청되는 필요조건이 된다. 사회 상태에서 자기보존을 위해 다른 사람과의 경쟁이 불가피하다면, 자기편애가 전혀 없고 오직 자기애만을 가진 개인은 자기보존이 어려울 것이다. 『순자』는 희소한 자원을 두고 벌이는 개인 간의 경쟁을 전제한다.

> 천하의 해는 욕망을 풀어놓는 데서 생겨난다. 욕망하고 싫어함은 같은 물건인데 욕망은 많고 물건은 적다. 적으면 반드시 다투게 된다.[162]

『순자』의 맥락에서 자기애와 자기편애는 루소가 말한 대로 연결되어 있다. 자기보존의 욕망이 "발효"하여 다른 사람보다 나아지고자 하는 욕망이 된다. 『순자』의 맥락에서 자기편애와 자기애를 좀 더 명확하게 이해하기 위해 심리적 차원과 실천적 차원[163]으로 구분해볼 필요가 있다. 루소가 말한 자기애와 자기편애는 심리적 차원이다. 심리적 차원에 국한하여 본다면 이 둘의 구별은 어렵지 않다. 자기애에는 타인의 존재가 없다. 다른 사람을 고려하고 있다면 이미 자기편애의 범주로 넘어간다. 그러나 자기애로부터 비롯된 행동과 자기편애로부터 비롯된 행동, 즉 실천적 차원으로 범위를 넓히면 문제는 복잡해진다. 희소한 자원을 획득하기 위해 경쟁하는 개인들을 보면 자기편애와 자기애가 구별되지 않는다. 심리적으로는 자기편애가 아닌 자기애로 인한 행동이라고 여길지언정 실천적 차원에서 보면 다른 사람과의 경쟁 관계 속에서 희소한 자원을 서로 먼저 획득하기 위해 노력한다.

자기애에는 타인에 대한 고려가 없지만 루소가 말한 다른 기본적 특질인 연민이 있기에 만약 타인을 고려해야 하는 상황에 처한다면 다른 사람에 대한 배려를 실천할 수 있다. 『인간불평등기원론』의 주석에서 말한 대로, "자기애가 이성에 따라 인도되고 동정심에 따라 변용되면서 인간애와 미덕을 낳는다". 단순하게 보면, 자기애와 연민을 가진 사람이 다른 사람에 대한 배려를 가장 잘 실천할 수 있는 사람이다. 그러나 더 나아가 자원의 희소성과 욕망의 보편성을 전제로 한 토머스 홉스(Thomas Hobbes)의 자연 상태와 인간이 이용할 수 있도록 자원화되어야 할 무한한 자연을 전제로 한 로크의 자연 상태를 고려한다면, 자기애와 연민에 더하여 자기편애를 가진 사람이 다른 사람에 대한 배려를 가장 잘 실천할 수 있다. 자연 상태를 벗어난 사회 상태에서 자기애와 연민만으로는 실천적 차원에서 역부족일 수 있다.

앞의 인용문에서 말하는 방법론을 루소의 용어로 바꾸면 자기편애를 통한 공동선의 실천이라 할 수 있다. 자기편애가 공동선으로부터 멀어져서 악으로 연결되는 고리는 질투심이다. 『순자』에는 어리석은 사람(愚者)의 특징으로 질투심을 꼽는다. 자기편애는 가지고 있으면서 질투심은 없는 사람은 다른 사람을 고려하고 배려할 수 있으므로 다른 사람과의 화합을 추구한다. 이러한 사람을 현명한 사람(知者)이라 부를 수 있다. 현명한 사람은 "현명한 사람을 추천하고 널리 베풀며 원한을 해소시켜주고 남을 해치지 않는"[164] 방식으로 다른 사람과의 화합을 실천한다. 어리석은 사람은 질투심 때문에 현명한 사람을 추천할 수 없다. 질투심이 다른 사람과의 화합을 막고 결국에는 자기자신마저 해친다.

> 어리석은 자는 이와 반대다. 중요한 자리에서 권력을 농단하여 일을 제멋대로 하기 좋아하고 현명하고 능력 있는 사람을 질투하며 공 있는 자를 억누르고 죄 있는 사람을 추천한다. 뜻이 교만에 가득차고 옛 원한을 가볍게 여기며 인색해서 시혜를 행하지 않는다. 위로는 올바른 도를 내세우면서 권력을 중히 여기고 아래로는 권력을 휘두르며 남을 해친다. 비록 위태로워지지 않으려 욕망한들 되겠는가?[165]

어리석은 사람은 실천적 차원에서 볼 때 자신의 행동으로 자신을 해치는 사람, 즉 자기애가 결여된 사람이라 할 수 있다. 심리적 차원에서 볼 때, 자기편애는 강하지만 자기애와 연민은 약한 사람이라 할 수 있다. 어리석은 사람과 지혜로운 사람의 대조는 소인과 군자의 대조로 구체화된다. 군자도 지혜로운 사람과 마찬가지로 다른 사람을 의식하고 다른 사람의 능력과 자신의 능력을 비교한다. 그러나 교만하거나 질투하지 않는다. 어리석은 사람의 특징은 소인에게서 그대로 드러난다.

군자는 능력이 있어도 좋고 능력이 없어도 좋다. 소인은 능력이 있어도 추하고 능력이 없어도 추하다. 군자는 능력이 있으면 관용과 올곧음으로 남에게 길을 열어주고 인도하며, 능력이 없으면 공경하며 움츠리고서 경외하며 남을 섬긴다. 소인은 능력이 있으면 거만하고 거짓되며 남에게 교만하게 군다. 능력이 없으면 질투, 원망, 비방으로써 남을 쓰러뜨리려 한다.[166]

『순자』에서 말하는 지혜로운 사람, 즉 군자는 자기편애가 결여된 자기애만을 가지고 안분자족(安分自足)하는 사람이 아니다. 다른 사람과 비교하는 마음 즉 자기편애를 가지고 끊임없이 수신에 힘쓰는 사람이다. 지혜로운 사람은 자기편애에 수반될 수 있는 질투심이 없거나 혹은 질투심을 누르고 화합을 추구한다. 왜 질투심을 눌러야 하는가? 자신이 위험에 빠질까 염려하기 때문만은 아니다. 『순자』에서는 의(義)를 그 근거로 제시한다. 사람들 사이에서 義가 작동하면 화합할 수 있다.[167] 이 말을 역으로 생각해보면, 사람들 사이에 義가 없다면 화합할 수 없다. 義는 질투심을 통제하는 근거다.

義는 자기편애가 질투심으로 변하여 다른 사람과 결국에는 자기 자신을 해치는 결과로 수렴하지 않도록 막는 심리적·제도적 장치다.[168] 심리적 차원에서 본다면 義가 작동하고 있다고 믿는 개개인은 다른 사람에 대한 질투심을 누르고 화합을 추구할 것이다. 심리적 차원에서 義는 자기편애와 질투심을 구분짓는 기제다. 만약 다른 사람들과의 관계에서 義가 없거나 있어도 작동하지 않는다고 믿는다면,

자기편애와 질투심은 구분되지 않아서 같은 것으로 인식된다. 만약 義가 있다고 믿는다면, 義를 해치는 순간 자기편애는 질투심으로 전락함을 인지할 것이다. 제도적 차원에서 義는 평등한 개개인 사이에 결과적으로 발생하게 되는 불평등을 정당화하는 기제다.

　제도적 차원에서 義는 자연적 평등이 아니라 사회적 불평등에 내재한 공정함을 가리킨다. 義는 자기편애를 가진 개개인이 다른 사람을 의식하고 자신과 비교하고 다른 사람과 경쟁하는 차원을 넘어 다른 사람과 함께 공동선을 추구하게 한다. 비록 義가 자기자신에게 불리하게 작용할지라도 사회적 불평등에 내재한 義를 믿는 개인은 사회적 불평등 때문에 사회에 등을 돌리고 오직 자기자신에게만 집중하는 선택을 하는 대신에 다른 사람과 함께 공동선을 추구하고자 노력한다.

　『순자』에서 말하는 공동선이란 개개인이 심의를 통해 합의해가야 하는 추상적인 선이 아니다. 주석 169의 인용문에서 찾는다면 "집을 짓고 사는 것"이 공동선에 해당한다. 개개인이 질투를 누르고 화합해야 하는 이유는 집을 짓고 사는 것과 같이 혼자만의 힘으로는 얻을 수 없는 이익을 공동의 힘으로 얻기 위해서다. 좀 더 구체적으로 보면, 인간의 욕망을 충족해줄 자원의 희소성을 두고 벌이는 경쟁과 투쟁보다 화합을 통한 공동의 이익 추구가 개개인 각자의 욕망 추구에 더 나은 결과를 가져다주기 때문이다. 『순자』에서는 특히 개개인을 나누고 구별하지만 결과적으로는 화합이 되는 분업을 주장한다.

백 가지 기술이 이루어져야 한 사람을 부양한다. 능력 면에서 (보면 한 사람이 자신이 사는 데 필요한 모든) 기술을 겸할 수 없고 사람 면에서 (보면 한 사람이 자신이 사는 데 필요한 모든) 관직을 겸할 수도 없는 것이다. 서로 떨어져 살지만 서로 돕지 않으면 궁해지고 무리 지어 살지만 나눔이 없다면 다툴 것이다. 궁해지는 것은 우환이며 다투는 것은 재앙이다. 우환에서 구제하고 재앙을 없애려면 나눔을 분명히 하고서 무리 지어 사는 것이 최고다.[169]

심리적 차원에서 보면, 개개인은 자기편애를 발휘하여 다른 사람을 의식하고 다른 사람과의 비교를 통해 자신을 발전시키는 한편 다른 사람과의 비교가 야기하는 질투심을 義로 통제한다. 義는 질투심이 지나쳐 다른 사람을 해치려는 마음을 억제하는 심리적 기제라고 할 수 있다. 순자의 본성론은 성악설(性惡說)이라는 이름으로 알려져 있다. 홉스의 자연 상태를 떠올리게 하는 본성론은 인간의 생명을 유지하기 위한 본능으로부터 출발하여 욕망 충족에 필요한 자원의 희소성에 기인한 다툼으로 귀결된다. 이러한 인간의 본성을 통제하는 체계가 禮다. 禮는 개개인의 욕망을 충족해줄 자원의 분배 방식에 대한 약속이다. 자원의 희소성을 전제로 한 분배이기에 개개인의 욕망을 충분히 충족해줄 만큼 분배될 수 없다. 그러나 개개인은 다른 사람과 자신을 비교하는 마음을 가지고 있으며 그 마음을 통해 자기계발을 하기에 다른 사람과 자신을 비교하는 마음을 굳이 억누를 필요가 없다. 義는 다른 사람과의 비교가 자기계발에 필요한 능력의 비교뿐만 아니라 소유물의 비교로 확대되고, 자신의 소유물이 다른 사람의 소유물보다 적다고 생각할 때 다른 사람을 질투하고 상대적으로 박탈감을 느끼게 되는 결과로 귀결되지 않도록 막는다. 인간의 다양성을 평준화할 수 없듯이, 자원 분배의 차이, 능력의 차이에서 오는 소유물의 차이를 평준화할 수 없다면 차이를 정당화하는 기제가 필요하다. 禮는 분배의 규칙일 뿐만 아니라 義를 통한 분배의 결과에 따른 개인 간의 차이를 정당화하는 기제이기도 하다. 단적으로 말해서, 『순자』에서 禮는 분배의 규칙이며, 義는 그 규칙의 정당화 기제다.

『순자』의 본성론이 홉스의 자연 상태와 유사하지만 자연 상태에서 개개인 간의 다툼을 막기 위한 장치로 홉스의 리바이어던이 아니라 루소의 일반의지에 가까운 義를 제시한다는 점이『순자』의 정치철학을 법치(法治)가 아닌 예치(禮治)로 인도한다. 義가 개개인에게 결여된 상태에서는 禮로 개개인 간의 다툼을 막을 수 없다. 다른 사람과의 비교에서 오는 질투, 상대적 박탈감을 義로 누를 수 있는가, 없는가 여부에 예치의 성패가 달려 있다고 볼 수 있다. 개인은 다른 사람과의 비교를 義로 누른다. 규칙의 정당화 기제인 義는 개인 심리의 차원에서는 정해진 분배의 규칙을 따라야 한다는 의무감으로 나타난다. 의무감은 정해진 분배의 규칙이 옳다는 믿음에 근거를 두고 있다.『순자』에서는 정해진 분배의 규칙, 즉 禮를 성인(聖人)이 만들었다고 주장함으로써 禮를 정당화하고 있다. 禮는 성인이 만들었기에 완벽하고 옳다. 완벽하고 옳은 禮를 옳다고 믿고 실천해야 한다는 의무감이 義라고 할 수 있다. 정해진 분배의 규칙이 옳다고 믿기에,

다른 사람과 자신을 비교하여 다른 사람의 몫이 더 크다고 생각되어도 다른 사람에 대한 질투로 연결되지는 않는다. 옳은 분배의 규칙에 따라 다른 사람이 자신보다 더 많은 몫을 가지게 된 것이라 믿는다.

나눔이 같으면 치우침이 없다. 세력이 고르면 통일될 수 없다. 대중이 고르면 부릴 수가 없다. 하늘이 있고 땅이 있어 위아래의 차이가 있듯이 밝은 왕이 서야 비로소 나라를 다스림에 제도가 있게 되는 것이다. 양편이 모두 귀하면 서로 섬길 수가 없고 양편이 모두 천하면 서로 부릴 수가 없는데 이것은 하늘의 셈법이다. 세력과 지위가 고른데 욕망하고 싫어함도 같으면 물건은 충분할 수 없을 것이므로 반드시 다투게 된다. 다투면 반드시 어지러워지고 어지러워지면 반드시 궁해질 것이다. 선왕들이 그러한 어지러움을 싫어하셔서 禮와 義를 정하여 이것으로써 나누어, 부귀빈천의 등급이 있게 하여 이것으로써 서로 함께 임하게 된 것이다. 이것은 천하를 부양하는 근본이다. 『서경』에 "고르지 않은 것을 고르게 한다"고 한 것은 이를 일컫는 말이다.[170]

『순자』에서 禮는 결과주의적 관점에서 선(善)이다. 단적으로 말해서, 정해진 분배의 규칙 즉 禮가 특정 개인의 관점에서 보면 결정론적이며 폭력적일지라도 사회적 관점에서 보면 사회적 안정을 가져오는 결과로 수렴하기에 선하다고 할 수 있다.[171] 사회적 안정을 얻기 위해 개인은 다른 사람에 대한 질투와 상대적 박탈감을 정해진 분배의 규칙을 따라야 한다는 의무감 즉 義로 누르고 분배의 규칙 즉 禮를 실천해야 한다. 이렇게 본다면 『순자』의 義는 루소가 아니라 홉스, 더 정확히는 홉스적 공리주의에 가깝다. 개인의 이기심 즉 본능의 차원에서 평등한 개개인은 사회적 안정과 개개인의 발전을 위해 다른 사람과의 비교를 통해 차이를 만들고 차이를 차별로 제도화하며 질투와 상대적 박탈감을 제도에 대한 믿음으로 억누르며 불평등을 재생산한다.

　『순자』에서는 인간으로서 개개인의 평등이 일관되게 강조된다. 인간 평등의 근거는 자기애다. 인간이라면 자기애가 있고, 자기애가 있다는 점에서 성인군자로부터 악한 사람에 이르기까지 평등하다.

　사람에게 한 가지 공통된 바가 있다. 굶주리면 먹기를 욕망하고 추우면 따듯하기를 욕망하고 노동하면 쉬기를 욕망한다. 이익을 좋아하고 해를 싫어한다. 이것은 사람이 태어나면서부터 갖게 되는 바다. 이것은 사람이 (성장하기를) 기다려야 그렇게 되는 것이 아니다. 이것은 (성군인) 우(禹)나 (폭군인) 걸(桀)이나 공통된 바다.[172]

자신의 생존에 매달릴 수밖에 없는 인간의 본능 차원에서뿐만 아니라 능력 차원에서도 개개인의 차이는 없다고 주장한다.

　재주, 성격, 지각, 능력은 군자와 소인이 똑같다. 영예를 좋아하고 치욕을 싫어하며 이로움을 좋아하고 해로움을 싫어하는 것도 군자와 소인이 같다. 그러나 그들이 그것을 추구하는 방법은 다르다.[173]

이러한 자연 상태에서의 평등이 사회 상태의 불평등으로 변하는 변곡점에 禮가 대두된다. 그 목적은 홉스의 사회계약론과 같다. 평화와 안정이다. 자연 상태에서의 다툼을 멈추고 평화와 안정을 고착화하는 기제가 禮다. 禮는 다음과 같은 목적과 원리에 입각하여 만들어진 사회질서다.

예는 무엇으로부터 시작되었는가? 말하자면, 인간의 삶에 욕망이 있다는 것이다. 욕망이 충족되지 못하면 갈구하지 않을 수 없다. 갈구하는데 수량의 정도나 영역의 구분이 없다면 다투지 않을 수 없다. 다투면 혼란스럽고 혼란스러우면 궁핍해진다. 선왕께서 그 혼란을 싫어하셔서 예의(禮義)를 제정하셔서 그것으로써 나누고(分), (나눔으로써) 사람의 욕망을 부양(養)하였다.[174]

禮는 자연 상태의 욕망 충족을 사회 상태에서 지속가능한 형식으로 바꿔 놓은 사회계약이다. 위의 인용에 나타나듯 "사람이 태어나면서부터 갖게 되는" 개개인의 욕망이 "다투면 혼란스럽고 혼란스러우면 궁핍"해져서 충족 불가능한 상태에 이르는 것을 막고 개개인이 욕망을 충족시킬 수 있는 평화롭고 안정된 상태를 지속하기 위한 제도다. 禮는 "굶주리면 먹기를 욕망하고 추우면 따뜻하기를 욕망하고 노동하면 쉬기를 욕망"하는 소박한 감정으로부터 출발하여 식사 예절을 준수하고 장소에 따라 다른 옷을 입고 정해진 날에는 반드시 쉬어야 하는 복잡한 이성으로 끝난다.[175] 자기애로부터 비롯된 자연스러운 욕망이 다른 사람보다 더 잘 먹기를 욕망하고 더 따뜻하기를 욕망하며 더 편안한 곳에서 쉬기를 욕망으로 변할 때, 의식주의 예절이 필요하게 된다. 사회계약 상태에서 개개인에게 할당된 욕망 충족의 방식은 불간섭의 자유라는 관점에서 보면 폭력적이고 가혹할 수 있다. 홉스의 사회계약이 그러하듯 사회계약에 참여한 개개인은 할당된 규칙에 복종할 뿐 규칙을 만들거나 규칙에 저항할 수 없다.

자기애라는 본성이 같다는 점에서 성인군자와 평등한 개인이 자기도취에 빠지지 않고 성인군자와의 비교를 통해 자신의 善을 상대화하고 더 나은 사람이 되도록 자신을 채찍질하게 하는 자기편애는 그 자체로서 악이 될 수 없다. 문제는 질투다. 성인군자를 질투하는 소인이 되지 않도록 義로써 자기편애를 통제한다. 義는 다른 사람을 향한 연민과 동정심, 즉 선의가 다른 사람과의 비교를 통해 비뚤어지지 않고 똑바로 발휘될 수 있도록 자기편애를 통제한다. 이것이 예의다.

연민이 아닌 자기반성: 상대적 박탈감에서 상대적 죄책감으로

『순자』의 맥락에서 자기애와 자기편애는 서로 분리되고 대립한다기보다 연결되고 상호보완적인 인간의 본성이다. 루소 역시 자기애와 자기편애의 연결성을 부정하지 않았다. 그 둘의 차이가 강조되었을 뿐이다. 루소의 여러 저작에서 자기애와 자기편애의 차이가 강조되고 후대 연구자들 역시 차이에 초점을 맞춰 루소를 연구한 결과, 전자는 선, 후자는 악의 근원으로 보는 시각이 주도적 관점이 되었다. 자기편애의 긍정적 성격에 주목하는 연구가 부각되고 있는 지금에도 자기애와 자기편애의 연결성과 상호보완적 성격에 주목하는 연구는 드물다.

『순자』는 자기애와 자기편애의 연결성, 상호보완적 성격을 시사하는 문헌이다.『순자』에서 제기된 연결성을 루소의 맥락에서 재확인할 필요가 있다. 자기애와 자기편애를 대립적으로 파악하는 관점이 우세하게 된 주된 근거를 제공하는『인간불평등기원론』으로 돌아가서 앞서 인용한 주석을 분석하면 다음과 같다. 자연 상태에서는 "자기애가 이성에 따라 인도되고 동정심에 따라 변용되면서 인간애와 미덕"으로 연결된다. 사회 상태에서 비로소 생기는 자기편애는 "각 개인이 자기를 누구보다도 우선시하며 사람들이 서로 간에 행하는 모든 악을 일깨우는 동시에 명예의 진정한 원천이 되기도 한다". 앞서 자기편애와 자기애의 차이를 설명하기 위해 인용한 이 구절에서 근본적인 질문이 생긴다. 사회 상태에서 연민은 사라지는가? 동정심은 연민(pitié)인데 루소의 관점에서 자연 상태에 존재하는 감정은 앞서 언급한 자기애 외에 연민이 있다.

홉스가 전혀 알아차리지 못한 원리가 또 하나 있다. 그것은 어떤 상황에 있어 인간의 강렬한 자기애가 크게 완화되도록, 또는 이 자기애가 생기기 전에 자기보존의 욕구가 완화되도록 인류에게 주어진 원리다. 이 원리로 말미암아 인간은 동포의 괴로움을 보고 싶지 않다는 선천적인 감정에서 자기 행복에 대한 욕구를 완화하게 된다. [...] 나는 지금 연민 (pitié)에 대해 말하고 있는데, 그것은 우리처럼 약하고 온갖 불행에 빠지기 쉬운 존재들에게 걸맞은 성향이다. 연민은 인간의 반성(réflexion) 하는 모든 습관에 앞서는 것이므로 더욱 보편적이고 인간에게 유익한 미덕이며, 대단히 자연스러운 것으로서 때로는 동물들에게도 뚜렷한 징후를 보이곤 하는 미덕이다. [...] 사실 동정은 고통을 목격하는 동물이 고통을 당하고 있는 동물과 마음속으로 하나가 되면 될수록 더욱 강해질 것이다. 그런데 이 일체화가 추론의 상태보다 자연 상태에서 훨씬 깊었으리라는 것은 분명한 일이다. [...] 연민은 각 개체에서 자기애의 작용을 완화하면서 종 전체의 상호적 보존에 기여함이 분명하다. 남이 고통받는 모습을 보고 깊이 생각할 여지도 없이 도와주러 나서게 되는 것은 바로 연민 때문이다. 연민은 자연 상태에서 법과 풍속과 미덕을 대신하며, 아무도 그 부드러운 목소리에 저항할 시도를 하지 않는다는 이점을 누린다.**176**

연민은 "어떤 상황에 있어 인간의 강렬한 자기편애가 크게 완화되도록, 또는 이 자기편애가 생기기 전에 자기보존의 욕구가 완화되도록 인류에게 주어진 원리다. 이 원리로 말미암아 인간은 동포의 괴로움을 보고 싶지 않다는 선천적인 감정에서 자기 행복에 대한 욕구를 완화하게 된다".**177** 연민은 "보편적이고 인간에게 유익한 미덕이며, 대단히 자연스러운 것으로서 때로는 동물들도 뚜렷한 징후를 보이

곤 하는 미덕이다".[178] 연민은 같은 종에 대한 사랑으로, 극단적인 자기보존의 욕구, 즉 자기애로 말미암아 멸종에 이르는 위험을 방지한다. 사회 상태에서 자기애에 더하여 자기편애가 생기고 증오나 복수심의 감정과 모욕이나 경멸의 행동이 생겨도, 연민이 존재하기에 다른 사람에게 위해를 가함으로써 자기 행복을 증진하려는 욕구를 완화할 수 있다.

연민은 같은 종에 대한 사랑이며 종을 보존하고자 하는 본능이다. 『이기적 유전자(*The Selfish Gene*)』의 저자 리처드 도킨스(Richard Dawkins)라면 종을 보존하고자 하는 연민이 자기를 보존하고자 하는 자기애를 능가할 것이며 결국 자기보존의 궁극은 자기 유전자의 보존이므로 일반적으로 그리고 장기적으로 연민이 자기애를 이긴다고 주장할 것이다. 그러나 인간은 다른 동물 종과는 달리 자기편애가 있다. 인간 역시 동물이기에 자기애와 연민이 충돌할 때 일반적으로 그리고 장기적으로 연민을 선택한다고 한다면 자기편애와 연민이 충돌할 경우는 어떨까? 자기편애와 연민이 충돌할 때 인간이라는 종이 아닌 개개인의 차원에서 개인의 선택은 제각각일 수밖에 없다.

사회 상태에서보다 자연 상태에서 연민은 인간애로 발전하기 쉬웠을 것이라는 루소의 주장은 확대되고 과장되어, 사회 상태에서 인간애와 미덕을 낳는 기제에 덜 주목하게 한다. 루소의 사회계약론이란 "인간의 반성(réflexion)하는 모든 습관"을 통해 인간애와 미덕을 되살리는 기획일 것이다. 자연 상태에서조차 인간은 자기애 때문에 다른 사람의 고통에 둔감할 수 있다. 자기편애가 생기는 사회 상태에서는 더욱 어렵다. 그러나 이러한 어려움에도 불구하고 인간 개개인은 자연 상태에서든 사회 상태에서든 자기로부터 눈을 돌려 다른 사람의 고통에 연민을 느끼며 이성에 인도되어 인간애와 미덕을 발휘한다. 자연 상태에서라면 오직 연민이 인간애의 원천이었을 것이지만 사회 상태에서는 개개인의 연민이 발휘되지 못하는 때에도 인간애와 미덕을 실현하기 위해 법과 풍속과 제도가 만들어졌다.

상대적 박탈감은 자기애가 아닌 자기편애로부터 생기는 감정이다. 자기편애와 연민이 양립 불가능한 감정이 아니라면 다른 사람과의 비교에 의해 상대적 박탈감이 생기는 일반적인 조건, 즉 평등하여야 마땅할 개개인들 사이에 불평등이 발생할 때 상대적 죄책감(relative guilt)이 생길 수 있다. 상대적 죄책감은 평등하다고 생각하는 다른 사람과 자신을 비교할 때 생기는 감정으로 상대적 박탈감과 생성 조건이 같은 정반대의 감정이라고 정의할 수 있다. 상대적 박탈감을 야기할 수 있는 일반적인 조건으로부터 상대적 죄책감 역시 발생한다. 그렇다면 "자기애가 이성에 따라 인도되고 동정심에 따라 변용되면서 인간애와 미덕"이 되듯이 상대적 죄책감의 근원인 자기편애 역시 충분한 이성의 힘이 발휘되고 "인간의 반성(réflexion)하는 모든 습관"이 결합한다면, "동정심에 따라 변용되면서 인간애와 미덕"으로 연결될 수 있을 것이다.

만약 자기편애가 지나쳐서 연민과 양립 불가능하게 된다고 할지라도 "인간의 반성(réflexion)하는 모든 습관", 즉 자기성찰이 있는 한 인간애와 미덕으로 이어질 수 있는 가능성은 열려 있다. 특히 자기애가 지배적인 자연 상태가 "인간은 오직 자신만을 인식하며, 자신의 안녕이 다른 누구의 안녕과 대립하거나 호응하는 것을 보지 못하고, 어떤 것도 증오하지 않고 어떤 것도 사랑하지 않는" 상태라면, 자기 편애가 전혀 없는 인간이 "아무것도 비교해보지 않아서 자신이 속한 관계들을 본 적도 없는 인간"에 지나지 않는다면, 자연 상태에서의 인간이 갖는 자기애＋이성＋연민으로부터 도출되는 인간애와 미덕은 사회 상태를 살아가는 개인들에게는 낭만일 뿐이다.

　루소는 "질서에 대한 사랑이 전개되고 능동적이 되면 양심이라는 이름을 갖지만, 양심은 오직 인간의 앎(lumières)과 함께 전개되고 움직인다. 인간은 앎을 통해서만 질서를 인식하게 되며, 질서를 인식할 때라야 양심을 통해 질서를 사랑하게 된다"라고 쓰고 곧이어 양심을 통한 질서에 대한 사랑을 자연 상태에서의 자기애와 연민보다 하찮은 것으로 간주했다. 자신이 속한 관계를 통해 세계를 인식하며 다른 사람과의 비교를 통해 자신을 인식하는 개인을 인간불평등의 기원이라 지목한 루소의 논리다. 그러나 인간불평등의 기원은 사회 상태 속에서 태어나 주어진 관계를 고정된 것으로 받아들이고 다른 사람과의 비교를 통해 인식한 사회적 불평등을 인간의 조건으로 간주하여 불평등의 재생산에 기꺼이 참여하는 개인일 뿐이다.

　낭만적인 인간애와 미덕은 사회 상태에서의 인간애와 미덕보다 미흡할 수 있다. 다른 사람을 의식하거나 다른 사람과 자신을 비교하지 않기에 순수하게 발휘되는 연민은 다른 사람이 인식의 범위에 잘 들어오지 않기에 양적으로 부족하며 다른 사람을 자신과 평등한 존재로 인식할 필요가 없기에 질적으로 부족할 수 있다. 인간 평등의 개념을 자기편애에 추가하면, 다른 사람의 존재를 항상 의식한다는 점에서 양적으로 확대되고 지속가능하며 다른 사람을 자신과 평등한 존재로 존중한다는 점에서 양질의 인간애를 도출할 수 있다. 자기편애+자기성찰에 따른 평등만으로도 다른 사람보다 자신을 우위에 두는 자기편애의 폭주를 막을 수 있다. 여기에 연민이 결합하면, 자기편애+자기성찰에 따른 평등+연민이 된다. 상대적 죄책감을 분석하면 이러한 공식으로 이루어져 있으며 인간애와 미덕으로 발전할 가능성이 크다. 자기편애로부터 오는 상대적 박탈감이라는 부정적 감정의 원인을 차단하고자 다른 사람의 존재를 외면하고 자기애의 세계로 후퇴할 필요는 없다. 자기애와 순수한 연민이 인성에 뿌리내릴 때까지 자연 상태를 인공적으로 조성한 인큐베이터에서 에밀처럼 교육될 필요도 없다. 상대적 박탈감을 평등에 대한 믿음이 보내는 신호로 인식하고 이를 상대적 죄책감과 사회계약에 대한 책임감으로 바꾸는 인식의 전환이 필요하다.

보론

나

코기토는 동사가 명사다. 생각하는 동시에 존재한다. 생각하지 않으면 존재하지 않는다. 뇌사를 죽음으로 보는 근거의 핵심이다. 생각하는 코기토는 자신을 생각하거나 자신 이외의 것들을 생각한다. 자신 이외의 것들은 감각기관, 특히 시각을 통해 포착되고 기억을 통해 저장되어 생각의 재료가 된다. 일상에서 이 둘을 구별하기는 쉽지 않다. 자신 이외의 것들을 생각할 때 자기자신도 섞여 들어가기 때문이다. 구별이 어려운 이 둘의 구분이 중요하다고 말하는 이유는 다음과 같다.

나의 도덕: 동기주의 對 결과주의

코기토 안에서 선(善)이 말과 행동의 형식으로 코기토 밖으로 표출될 때 여전히 선으로 남아 있다는 보장은 없다. 이 당연한 이야기를 힘주어 한다. 코기토 안에서 선은 밖에서도 선이라고 생각하는 사람들이 많기 때문이다. "나만큼 착한 사람도 드물어"라는 말을 들어보지 않은 사람은 드물다.

코기토 안에서조차 선이 아니면 말과 행동이 어떻게 선할 수 있을까? 도덕에서 동기주의가 중요하다고 주장하는 사람들은 선한 동기가 결과까지 보장하지는 않지만 적어도 필요조건은 된다고 말한다. 선한 동기를 가져야 선한 행동을 하게 될 가능성이 커진다. 남을 돕겠다는 생각이 있어야 남을 돕는 행동을 하게 된다. 일견 맞다. 그러나 선한 동기가 선한 행동의 필요조건은 아니다.

"나만큼 착한 사람도 드물어"라고 말하는 사람들 중에 남이 내 속을 알아주지 않아서 분통 터지는 사람들이 있다. "나만큼 착한 사람도 드물어"라는 말도 답답해서 하는 소리다. 말과 행동은 코기토의 생각을 다른 코기토로 전달하는 현재로서는 유일무이한 매체지만 한계가 분명하다. 생각은 왜곡된다. 더욱이 언필신은 성인까지는 아니어도 최소한 군자의 영역이다.

동기주의가 중요한 이유는 코기토가 밖으로 표출되는 말과 행동 때문이 아니라 코기토 자신 때문이다. 코기토 안의 선은 스스로 선하게 인식하는 근거다. "나만큼 착한 사람도 드물어"라고 생각하는 삶이 중요하다. 선한 사람으로 살 것인가, 혹은 선이 결여된 사람으로 살 것인가? 전자를 선택한다면 자기자신이 선한 사람으로 살겠다는 맹세다. 이 맹세는 말로 표출되어 행동으로 증명해야 하는 맹세보다는 지켜질 가능성이 크다. 성인군자가 아니어도.

나의 행동: 방법론적 위악

선이 결여된 사람으로 사는 쪽을 선택한 사람은 "나만큼 착한 사람도 드물어"라는 생각을 차마 할 수 없는 사람이다. "나만큼 착한 사람도 드물어"라는 말을 누군가가 할 때, "어떻게 저런 말을 할까?" 하며 놀란 경험이 있을 수도 있다.

진정성이 사라진 시대. 위선은 구역질 난다. 성과를 향해 오늘도 달리는 동료들을 쿨하게 외면하고 칼퇴. 유튜브에 넘치는 열정 가득한 관종들을 반찬 삼아 혼밥 그리고 혼술. 문을 잠그고 집에 불을 켠다. 원룸 오피스텔은 나의 월든이다. 코기토 안에서만이 자유롭다.

보편, 평등, 합리성의 가치는 모든 코기토 외부의 존재에 대해 동일한 거리를 유지하는 행동을 용인하며 때로는 명령한다. 내 몸에 대해서조차 그러하다. 내 몸을 다른 사람 몸 대하듯 하여야만 버틸 수 있는 노동의 강도. 내 몸을 위해 수행하는 운동요법, 식이요법. 지칠 대로 지친 몸의 움직임은 행동인가, 체험인가. 유체 이탈 화법은 내 몸의 움직임을 외부 사물처럼 체험할 때 나온다.

코기토는 나에게로 귀속되는 행동을 체험한다. 다른 사람의 행동을 체험하여 선과 악을 판단하듯이 이 나에게로 귀속되는 행동을 체험하여 선과 악을 판단한다. 다른 사람의 행동이 나에게 해가 될 때 "악의는 없었다"라고 사과하듯이 내 행동이 나에게 해가 될 때 역시 악의는 없었다.

선한 의도를 가지고 행동한 결과가 선으로 귀결된다는 보장은 하기 어렵다. 선한 의도의 진정성을 말로 뱉는 순간, 이는 맹세가 된다. 맹세를 실현하지 못하면 진정성은 위선이 된다. 맹세는 의지만으로는 성공할 수 없다. "널 행복하게 해 줄게"라는 맹세의 진정성이 위선으로 귀결되지 않으려면 "내 행동"보다 "너의 체험"이 더 중요하다. 널 행복하게 해주고 싶다는 선의지 가득한 내 행동을 네가 행복이라는 감정으로 체험하지 못한다면 나는 위선자다.

언필신을 실현해낼 수 있는 능력을 갖춘 성인군자가 아니고서야 진정성을 입 밖에 내기는 어렵다. 내 행동의 의도를 굳이 말해야 한다면 차라리 선의를 감추는 편을 택한다. 위악이다. 가치중립적 행동, 선의가 결여된 행동을 통해서도 선한 결과에 도달할 수 있다. 애초에 선한 결과란 의도와 무관하게 실현하기 쉽지 않다. 실현하기 쉽지 않은 결과에 대한 약속이기에 그 진정성이 성공적으로 전달되는 커뮤니케이션은 드물 수밖에 없다. 커뮤니케이션에서 진정성은 스노비즘으로 전환되기 쉽다. 진정성이 사라진 자리에 스노비즘이 난무하는 이유다.

자기 안의 성

진정성은 나만의 비밀이 되어 내면의 성채로 퇴각한다. 자기애를 우선하는 코기토는 자기 안의 성에 살며 자기 안의 성에서 행복하다. 이사야 벌린은 소극적 자유를 옹호하며 "내면의 성채로 은둔하기"

라는 주제의 글을 남겼다.

나는 이성과 의지의 소유자다. 내 마음은 목적을 잉태하고 있으며 나는 그 목적을 추구하고 싶다. 그러나 만약 그것을 달성하지 못하도록 방해를 받는다면 나는 더 이상 상황에 대해 주인이라 느끼지 못할 것이다. 자연의 법칙, 또는 우연한 일, 또는 사람들의 활동, 또는 인간적 제도로 말미암은 대개는 계획되지 않은 결과 때문에 나는 방해를 받을 수 있다. 그것들에 끼어 등이 터지지 않으려면 어떻게 해야 하나? 나로서는 실현할 수 없음이 분명한 욕구에서 나 자신을 해방시켜야 한다. [...] 만약 내가 재산에 전혀 집착하지 않고, 감옥에 있든 말든 개의치 않으며, 내 안에 있는 자연적인 감정들을 모두 죽여버린다면, 내게 남은 것은 어느 것도 경험적인 공포나 욕망의 대상이 아니기 때문에 폭군도 자기 뜻에 맞도록 나를 굴복시킬 수 없다. 이는 마치 어떤 내면의 성채로―내 이성, 영혼, "본체적" 자아로―작전상 후퇴하는 것과 같다. 외부 세계의 맹목적인 힘도 인간의 심술도 그 어떤 방법으로도 그 성채는 건드리지 못한다. 나는 자아 속으로 들어가, 그 안에서, 오로지 거기에서만 안전하다.[179]

자유의지를 가진 인간으로 존재하기 위한 최소한의 인정도 얻지 못하는 삶의 조건에서 개인은 정신줄을 놓거나 동굴로 숨는다. 몇몇은 자기자신을 인정하는 방법, 즉 자기배려로 삶을 살아간다. 『이것이 인간인가』에서 묘사된 수용소는 인정도 없고 숨을 동굴도 없기에 지옥이다. 지옥에 섞여 살아가지 못하고 커뮤니케이션을 닫은 일부는 마비된 사람이거나 자기만의 성으로 퇴각에 성공한 사람들일 것이다. 수용소가 아니라면 적어도 숨을 동굴 정도는 가질 수 있다. 동굴에 숨어야 겨우 가질 수 있는 자유의 느낌에 대해 스탕달(Stendhal)은 다음과 같이 묘사한다.

부친이 성채 사령관이 된 이후 클렐리아는 그 높은 곳에 살게 된 것을 기뻐했다. 적어도 우울함만은 지워버릴 수 있었다. 커다란 주탑의 전망대 위에 자리 잡은 사령관 관저로 가려면 몸서리가 날 정도로 끝없는 계단을 걸어 올라가야 했지만, 바로 그 계단 덕분에 귀찮은 방문객이 찾아오지 않았다. 이런 현실적인 이유로 클렐리아는 수도원에 있는 것처럼 자유를 누렸는데, 그녀가 한때 신앙에 헌신함으로써 구하고자 했던 이상적인 행복이란 바로 이러한 것이라고 해도 과언이 아니었다. 자신의 소중한 고독과 가슴 깊이 가꾸고 있는 생각들을 한 젊은 남자의 손에 맡기고, 또 그 사람은 남편이라는 자격으로 자신의 이 모든 내면의 생활을 뒤흔들어놓을 거라는 점을 생각하기만 해도 그녀는 일종의 공포감에 사로잡혔다. 그녀의 고독한 생활은 비록 그럼으로써 행복에 도달하지는 못한다 해도 적어도 고통스러운 삶의 느낌만은 피하게 해 주었다.[180]

이탈로 칼비노(Italo Calvino)의 소설 『보이지 않는 도시들(*Le Citta' Invisibili*)』의 마지막에 나오는 마르코 폴로(Marco Polo)의 말을 인용하며 이 책을 마친다.

살아 있는 사람들의 지옥은 미래의 어떤 것이 아니라 이미 이곳에 있는 것입니다. 우리는 날마다 지옥에서 살고 있고 함께 지옥을 만들어가고 있습니다. 지옥을 벗어날 수 있는 방법은 두 가지입니다. 첫번째 방법은 많은 사람들이 쉽게 할 수 있습니다. 그것은 바로, 지옥을 받아들이고 그 지옥이 더 이상 보이지 않을 정도로 그것의 일부가 되는 것입니다. 두번째 방법은 위험하고 주의를 기울이며 계속 배워나가야 하는 것입니다. 그것은 즉 지옥의 한가운데서 지옥 속에 살지 않는 사람과 지옥이 아닌 것을 찾아내려 하고 그것을 구별해내어 지속시키고 그것들에게 공간을 부여하는 것입니다.[181]

사랑하는 사람들과 아끼는 물건들 속에서 천국 같은 삶을 사는 사람들을 멍하게 휴대전화로 바라보는 출퇴근 지하철의 생지옥. 코기토 외부의 세상을 받아들이고 외부의 세상이 보이지 않을 정도로 그것의 일부가 되어 살아간다면 그 외부의 세상이 지옥이든 천국이든 무슨 상관이 있겠는가. 세상을 관찰하지 못하는 코기토는 고통을 고통으로 인식할 수 없을 것이다. 만약 첫번째 방법을 선택할 수 없다면 그래서 두번째 방법을 선택해야만 한다면, 코기토는 관찰하고 구별하기를 멈출 수 없다. 코기토가 지옥에 살지 않는 사람과 지옥이 아닌 것에 공간을 부여하려는 노력을 게을리할 때 자기 안의 성조차 지옥이 된다. 내면의 성채에서조차 자유롭지 못하고 안심하지 못할 때 코기토는 어디로 퇴각할 수 있을까?

| 주 |

1 　악셀 호네트, 강병호 옮김, 『물화』, 나남, 2015, 49면.

2 　악셀 호네트, 강병호 옮김, 『물화』, 나남, 2015, 49면.

3 　아감벤은 이러한 실존적 공감을 "우정"이라 부른다. 조르조 아감벤, 양창
　　 렬 옮김, 「친구」, 『장치란 무엇인가』, 난장, 2010, 67면.

4 　악셀 호네트, 강병호 옮김, 『물화』, 나남, 2015, 49면.

5 　악셀 호네트, 강병호 옮김, 『물화』, 나남, 2015, 67-68면.

6 　악셀 호네트, 강병호 옮김, 『물화』, 나남, 2015, 68면.

7 　이 단락의 인용은 모두 아르투어 쇼펜하우어, 홍성광 옮김, 『의지와 표상
　　 으로서의 세계』, 을유문화사, 2022, 164면.

8 　미셸 푸코, 이규현 옮김, 『말과 사물』, 민음사, 2012, 445면.

9 　미셸 푸코, 이규현 옮김, 『말과 사물』, 민음사, 2012, 444면.

10 　니클라스 루만, 다르크 베커 편집, 윤재왕 옮김, 『체계이론 입문』, 새물
　　 결, 2014, 292면.

11 　니클라스 루만, 정성훈·권기돈·조형준 옮김, 『열정으로서의 사랑』, 새물
　　 결, 2009, 19면.

12 　이 단락의 큰따옴표 인용은 모두 니클라스 루만, 정성훈·권기돈·조형준
　　 옮김, 『열정으로서의 사랑』, 새물결, 2009, 10-13면.

13 　이 단락의 큰따옴표 인용은 모두 니클라스 루만, 정성훈·권기돈·조형준
　　 옮김, 『열정으로서의 사랑』, 새물결, 2009, 21-22면.

14 　니클라스 루만, 정성훈·권기돈·조형준 옮김, 『열정으로서의 사랑』, 새물
　　 결, 2009, 37면.

15 이 단락의 큰따옴표 인용은 모두 니클라스 루만, 정성훈·권기돈·조형준 옮김, 『열정으로서의 사랑』, 새물결, 2009, 20 - 21면.

16 이 단락의 큰따옴표 인용은 모두 니클라스 루만, 윤재왕 옮김, 『사회의 법』, 새물결, 2014, 655 - 656면.

17 니클라스 루만, 윤재왕 옮김, 『사회의 법』, 새물결, 2014, 656면.

18 이 단락의 큰따옴표 인용은 모두 게오르그 크네어·아르민 낫세이, 정성훈 옮김, 『니클라스 루만으로의 초대』, 갈무리, 2008, 91 - 92면.

19 니클라스 루만, 정성훈·권기돈·조형준 옮김, 『열정으로서의 사랑』, 새물결, 2009, 40면.

20 니클라스 루만, 정성훈·권기돈·조형준 옮김, 『열정으로서의 사랑』, 새물결, 2009, 40면.

21 『논어』 「자로(子路)」 子路曰 衛君待子而爲政 子將奚先 子曰必也正名乎 子路曰有是哉 子之迂也 奚其正 子曰野哉由也 君子於其所不知 蓋闕如也 名不正則言不順 言不順則事不成 事不成則禮樂不興 禮樂不興則刑罰不中 刑罰不中則民無所錯手足 故君子名之必可言也 言之必可行也 君子於其言無所苟而已矣

22 이 책에서 "지시", "지시하다"라는 말은 영어의 refer와 동일한 뜻으로만 사용한다. 이유는 루만의 "지시" 개념과의 연결 때문이다. 루만의 지시 개념을 함축하는 경우가 아닌 일반적인 경우에는 언급하다, 말하다 등 다른 단어를 사용하였다. 루만의 지시 개념은 장춘익, 「'자기지시적 체계'에서 '자기지시Selbstreferenz'란 무엇을 뜻하는가?」, 『철학연구』 107, 2014 참조.

23 고은강, 『결코 근대인이었던 적이 없는 동아시아인』, 서강대학교출판부, 2013, 153 - 154면.

24 이 책에서 관찰은 지시다.

25 이 책에서 지시는 관찰이다.

26 『철학논집』 36, 2014.

27 아비샤이 마갈릿, 신성림 옮김, 『품위 있는 사회』. 동녘, 2008, 15면.

28 아비샤이 마갈릿, 신성림 옮김, 『품위 있는 사회』. 동녘, 2008, 207면.

29 장원석, 「유가의 의사소통, 상호배려, 그리고 민주주의적 잠재력」, 『동아시아 문화와 사상』 8, 2002, 158면.

30 유가철학, 유교윤리를 관계 중심으로 바라보는 연구는 현재에도 꾸준히 행해진다. 예컨대 류근성, 「관계 중심적 유가 윤리와 개인」, 『철학논집』 42, 2015; 장동우, 「儒家의 禮學을 읽는 하나의 讀法」, 『한국학연구』 33, 2014 참조.

31 권상우는 禮를 "관계 맺음"으로 번역하고 "관계 맺음(禮)"을 중심으로 "유가의 삶의 방식"을 해석하였다. 권상우, 「유가 '관계 맺음'에서 바라본 잘 삶」, 『동양철학연구』 53, 2008.

32 장원석, 「유가의 의사소통, 상호배려, 그리고 민주주의적 잠재력」, 『동아시아 문화와 사상』 8, 2002, 166면.

33 Ihara, Craig. "Are Individual Rights Necessary? A Confucian Perspective" in Kwong-Loi Shun, David Wong eds. *Confucian Ethics*, Cambridge University Press, 2004, p. 28.

34 박연규는 역시 敬을 "거리두기"로 해석하여 "누군가를 공경하고자 할 때 [...] 필연적으로 그와 나 사이에 거리가 형성될 수밖에 없다"(박연규, 「유가의 관계 자아에서 타자와의 거리두기와 낯설게 하기」, 『공자학』 28, 2015, 9면)는 점을 강조하였다. 엄연석은 禮가 부여하는 "자신의 지위를 넘어선 행동을 해서는 안 되는 의무"(엄연석, 「인권 및 프라이버시와 유가철학의 규범체계로서 禮 사

이의 통약가능성 문제」, 『동양철학』 35, 2011, 24면)에 주목하여, "禮는 프라이버
시를 보호하게 하는 외적인 규칙이자 척도가 되는 것"(엄연석, 앞의 논문, 26
면)이라 보았다.

35 이 장에서 인용한 『예기』 원문 중 선행 연구와 중복되는 부분의 번역은 선
행 연구의 번역을 그대로 가져오지 않고 이 장의 논지에 맞추어 다시 번역
하였다. 따라서 두 번역에 다소 차이가 있다. 번역본을 참조한 경우에는
이상옥 옮김, 『예기 상』, 명문당, 2003을 참조하였다. 특별한 이견이 없는
경우 가능한 한 번역서 그대로 인용하였고 주석에 서지사항을 밝혔다.

36 直而勿有: 이상옥 옮김, 『예기 상』, 명문당, 2003, 40면의 해석 참조.

37 시동: 제사에서 신위 대신 앉히던 어린아이.

38 이상옥 옮김, 『예기 상』, 명문당, 2003, 42면.

39 이상옥 옮김, 『예기 상』, 명문당, 2003, 45면.

40 이상옥 옮김, 『예기 상』, 명문당, 2003, 46 – 47면.

41 이상옥 옮김, 『예기 상』, 명문당, 2003, 49면.

42 德을 得으로 해석. 德을 得으로 보면, "다른 사람에게 덕을 베풀다"라고
해석된다. 다른 사람에게 이득을 주는 행동을 가리킨다.

43 「禮와 비지배의 자유에 관한 일고찰」과 본 논문의 초고를 함께 읽은 학
우가 "넌 어떻게 같은 텍스트를 두고 정반대의 결론을 내냐"고 말했는데
그때 그 말은 핀잔으로 들렸다. 그 핀잔에 대한 학술적 반박을 하기에는
앎이 부족했던 필자는 한동안 초고를 묵혀둘 수밖에 없었다.

44 『한비자』에서 절대군주의 자유에 대하여는 고은강, 「한비자에서 자유의
의미에 관한 일고찰」, 인문연구 72, 2014 참조.

45 學: 단지 일회적으로 배우는 것만이 아니라 배우고 늘 익히는 학이시습
(學而時習)으로 해석한다.

46 고은강, 「『순자(荀子)』에서 예와 평등」, 『아태연구』, 19 – 3, 2012, 133 – 134면.

47 고은강, 「회남자(淮南子)에서 禮에 관한 一考察」, 『동아시아문화연구』, 55, 2013, 323면 참조.

48 필립 페팃, 곽준혁 옮김, 『신공화주의』, 나남, 2012, 5면.

49 필립 페팃, 곽준혁 옮김, 『신공화주의』, 나남, 2012, 241 – 242면.

50 필립 페팃, 곽준혁 옮김, 『신공화주의』, 나남, 2012, 245면.

51 고은강, 「『순자(荀子)』에서 예와 평등」, 『아태연구』, 19 – 3, 2012, 133면.

52 『禮記』「曲禮 上」曲禮曰 毋不敬 儼若思 安定辭 安民哉 敖不可長 欲不可從 志不可滿 樂不可極

번역에 대한 별도의 언급이 없는 경우는 필자의 번역이며, 다른 사람의 번역을 인용한 경우는 번역자 및 번역문의 출처를 구체적으로 밝혔다.

53 예컨대 이러한 구절이 있다. "자유가 효를 물었다. 공자가 말한다. 지금의 효라는 것은 봉양을 할 수 있다고는 일컬을 수 있다. 개, 말에 이르기까지 다 봉양이라는 것은 할 수 있다. 그러니 (부모를) 공경하지 않으면 무엇으로 (개, 말과 사람을) 구별하겠는가?"(『논어[論語]』「위정[爲政]」子游問孝 子曰 今之孝者 是謂能養 至於犬馬 皆能有養 不敬 何以別乎)

54 윗사람을 섬김이 공경스럽다. (『논어』「공야장[公冶長]」其事上也敬)

55 『논어』「공야장」子曰 晏平仲善與人交 久而敬之

56 이상옥 옮김, 『예기 상』, 명문당, 2003, 42면.
『예기』「곡례 상」禮 不妄說人 不辭費 禮 不踰節 不侵侮 不好狎

57 『논어』「옹야(雍也)」敬鬼神而遠之

58 『논어』「양화(陽貨)」近之則不孫

59 『예기』「곡례 상」賢者狎而敬之 畏而愛之

60 『예기』「곡례 상」夫禮者 所以定親疏

61 『예기』「곡례 상」道德仁義 非禮不成 敎訓正俗 非禮不備 分爭班訟
非禮不決 君臣上下父子兄弟 非禮不定 宦學事師 非禮不親 班朝治
軍 涖官行法 非禮威嚴不行 禱祠祭祀 供給鬼神 非禮不誠不莊 是
以君子恭敬撙節 退讓以明禮

62 능력이 사람마다 다르므로 빈손으로 병문안 가도 된다. 그런데 빈손으로
병문안하면서, "증여품으로 무엇을 원하는가?","증여품 받으면 무엇에
쓰려 하는가?" 등의 질문을 하는 것은 겸손하지 않은 행동이다. 자신의
영역을 넘어 다른 사람의 영역을 침범하게 되어 禮에서 벗어난다.

63 『예기』「곡례 상」弔喪弗能賻 不問其所費 問疾弗能遺 不問其所欲
見人弗能館 不問其所舍 賜人者不曰來取 與人者不問其所欲

64 『예기』「곡례 상」禮尙往來 往而不來非禮也 來而不往亦非禮也

65 이상옥 옮김, 『예기 상』, 명문당, 2003, 89면.
『예기』「곡례 상」侍食於長者 主人親饋則拜而食 主人不親饋則不拜
而食

66 國의 군주. 國은 통치의 단위로서, 천자가 통치하는 天下보다는 작고 대
부가 통치하는 家보다는 큰 규모의 제후국을 가리킨다. 士는 통치하는
영역은 없고 대부 아래에서 벼슬살이한다.

67 통상 조문객은 상주에게 답배하지 않는다. 군주가 먼저 절하면 매우 황
송하여 감히 답배조차 할 수 없다. 國君을 뵐 때와 관련하여, 앞에 다음
과 같은 구절이 있다. "대부나 士가 國의 군주를 뵐 때, 군주가 만약 수고
했다고 하면, 물러나 피하며 두 번 절하고 머리를 조아린다. 군주가 만약
맞이하며 절하면, 물러나 피하며 감히 답배조차 하지 못한다. (『예기』「곡례
하」 大夫士見於國君 君若勞之則還辟再拜稽首 君若迎拜則還辟不敢答拜)" 대

부나 士가 군주를 뵙고 절하면, 國의 군주는 "오시느라 수고하셨다"고 답
례한다. 그러면 이에 상응하는 대부나 士의 답례는 재배하고 머리를 조
아리는 행동이다. 그런데 군주가 먼저 절을 하면, 과분한 환영이므로 여
기에 상응하는 적절한 답배란 있을 수 없다. 따라서 감히 답배하지 않는
행동으로서 황송함을 표현한다.

68 『예기』「곡례 하」 凡非弔喪 非見國君 無不答拜者 大夫見於國君 國
君拜其辱 士見於大夫 大夫拜其辱

69 『맹자』「공손추 하(公孫丑 下)」 景子曰 內則父子 外則君臣 人之大倫
也 父子主恩 君臣主敬 丑見王之敬子也 未見所以敬王也

70 『예기』「곡례 하」 爲人臣之禮不顯諫 三諫而不聽則逃之 子之事親也
三諫而不聽則號泣而隨之

71 "權은 법을 무력하게 만들고 법을 대신한다. 權이 곧 예외 상태를 의미하
지는 않는다. 그러나 예외 상태를 만들 수 있다. [...] 후대의 학자들도 權
이 사적으로 전용될 때의 위험을 끊임없이 강조하였고, 이는 權이 갖는
긍정적인 함의보다는 부정적인 해석을 전면에 드러내는 결과를 낳았다.
權의 위험성에 대한 경계의 글에서는 '저울'이라는 본래의 의미와 관련된
'공정함'이라는 함의보다는 법을 무시하고 법 위에 군림하는 '권세', '권력'
이라는 부정적인 함의가 강조될 수밖에 없었을 것이다."(고은강, 「권(權)에
관한 일고찰(一考察)」, 『동아시아문화연구』 52, 2012, 324면)

72 辭의 행동지침에 대하여, 「사상견례(士相見禮)」 첫 부분에 손님으로 방문
한 사(士)와 방문받은 주인 사이에 취하는 辭 참조.
「사상견례」 士相見之禮 摯冬用雉 夏用腒 左頭奉之 曰某也願見無
由達 某子以命命某見 主人對曰某子命某見 吾子有辱 請吾子之就
家也 某將走見 賓對曰某不足以辱命 請終賜見 主人對曰 某不敢爲

儀 固請吾子之就家也 某將走見 賓對曰某不敢爲儀 固以請 主人對
曰某也固辭不得命 將走見 聞吾子稱摯 敢辭摯 賓對曰某不以摯不
敢見 主人對曰某不足以習禮 敢固辭 賓對曰某也不依於摯不敢見
固以請 主人對曰某也固辭不得命 敢不敬從 出迎于門外 再拜 賓答
再拜 主人揖 入門右 賓奉摯入門左 主人再拜受 賓再拜送摯出 主
人請見 賓反見退 主人送于門外再拜 主人復見之以其摯曰曏者吾
子辱 使某見 請還摯于將命者 主人對曰某也既得見矣 敢辭 賓對曰
某也非敢求見 請還摯于將命者 主人對曰某也既得見矣 敢固辭 賓
對曰某不敢以聞 固以請于將命者 主人對曰某也固辭不得命 敢不
從 賓奉摯入 主人再拜受 賓再拜送摯出 主人送于門外 再拜 士見
於大夫 終辭其摯 於其入也 一拜其辱也 賓退送再拜 若嘗爲臣者則
禮辭其摯曰某也辭不得命不敢固辭 賓入 奠摯再拜 主人答壹拜 賓
出使擯者還其摯于門外曰某也使某還摯 賓對曰某也既得見矣 敢辭
擯者對曰某也命某 某非敢爲儀也 敢以請 賓對曰某也夫子之賤私
不足以踐禮 敢固辭 擯者對曰某也使某 不敢爲儀也 固以請 賓對曰
某固辭不得命敢不從 再拜受

73 『의례』「빙례(聘禮)」君與卿圖事 遂命使者 使者再拜稽首 君不許 乃
退 既圖事 戒上介亦如之

74 『의례』「공사대부례(公食大夫禮)」公再拜 賓辟 再拜稽首 公揖入 賓從
及廟門 公揖入 賓入 三揖至于階 三讓 公升二等 賓升

75 빈자: 돕는 사람.

76 지재희·이지한 옮김,『의례』, 자유문고, 2004, 88면.
『의례』「사상견례(士相見禮)」始見于君 執摯至下 容彌蹙 庶人見於君
不爲容 進退走 士大夫則奠摯 再拜稽首 君答壹拜 若他邦之人 則

使擯者還其摯 曰 寡君使某還摯 賓對曰 君不有其外臣 臣不敢辭
再拜稽首受

77 문명(問名)이라고 하는데 점을 치기 위해 이름을 묻는다.

78 지재희·이지한 옮김, 『의례』, 자유문고, 2004, 49-50면.
『의례』 「사혼례(士昏禮)」 擯者出請事 入告 主人如賓服迎于門外 再拜
賓不答拜 揖入 至于廟門 揖入 三揖至于階 三讓 主人以賓升 西面
賓升西階 當阿 東面致命 主人阼階上北面再拜 授于楹間 南面 賓
降 出 主人降 授老鴈 擯者出請 賓執鴈 請問名 主人許 賓入 授 如
初禮 擯者出請 賓告事畢 入告 出請醴賓 賓禮辭許

79 지재희·이지한 옮김, 『의례』, 자유문고, 2004, 6면.

80 지재희·이지한 옮김, 『의례』, 자유문고, 2004, 3면.

81 필립 페팃, 곽준혁 옮김, 『신공화주의』, 나남, 2012, 241-242면.

82 물화 개념에 대하여는 1장 참조.

83 앞서 말한 대로, "지시"라는 개념은 루만의 사회체계 이론의 축이 되는
개념이다. 지시가 일어나지 않으면 체계는 형성되지 않는다. "나"라는 존
재가 사회적 정체성을 갖기 위해서 꼬리에 꼬리를 무는 지시가 일어난
다. 코기토인 나 역시 과거의 나를 지시하여 기억을 재구성하면서 자기인
식을 만들어간다. "내가 어떤 사람인지 가장 잘 아는 사람은 자기자신이
다"라는 말이 있다. 루만의 지시 개념에 비추어보면 이 말은 다소 순진하
게 보인다. "나"란 코기토의 차원에서든 사회적 정체성의 차원에서든 커
뮤니케이션 속에서 변하기에 고정된 존재로서 알기는 어렵다. 이 말은 오
히려 정치적 선언처럼 들린다. 나와 내 밖의 세계 간의 힘겨루기에서 주도
권을 코기토가 갖겠다는 선언.

84 악셀 호네트, 강병호 옮김, 『물화』, 나남, 2015, 45면.

85 악셀 호네트, 강병호 옮김, 『물화』, 나남, 2015, 45면.

86 악셀 호네트, 강병호 옮김, 『물화』, 나남, 2015, 81면.

87 악셀 호네트, 강병호 옮김, 『물화』, 나남, 2015, 88면.

88 악셀 호네트, 강병호 옮김, 『물화』, 나남, 2015, 85－86면.

89 악셀 호네트, 강병호 옮김, 『물화』, 나남, 2015, 86면.

90 마이클 샌델, 김명철 옮김, 『정의란 무엇인가』, 와이즈베리, 2014.

91 홍성민, 「감정구조와 사회계약론」, 『정치사상연구』 22－2, 2016, 10면.

92 박영도, 「유교적 공공성의 문법과 그 민주주의적 함의」, 『동방학지』 164, 2013.

93 박영도, 「주권의 역설과 유교적 공공성의 문법」, 『사회와 철학』 27, 2014.

94 박영도, 「위험사회와 유교적 공공성의 문법」, 『다산과 현대』 6, 2013.

95 현대사회의 공적 영역에서 도덕감정의 의의를 검토하는 연구 중 최근 성과물을 예로 들면 다음과 같다. 김왕배, 「도덕감정: 부채의식과 감사, 죄책감의 연대」, 『사회와 이론』 23, 2013; 박소현, 「법률과 도덕 감정」, 『역사와 담론』 90, 2019; 김치완, 「혐오 문제에 대한 유가적 접근－도덕 감정론을 중심으로」, 『열린정신 인문학연구』 22－3, 2021.

96 애덤 스미스, 박세일·민경국 공역, 『도덕감정론』, 비봉출판사, 2009, 48면.

97 애덤 스미스, 박세일·민경국 공역, 『도덕감정론』, 비봉출판사, 2009, 48면.

98 애덤 스미스, 박세일·민경국 공역, 『도덕감정론』, 비봉출판사, 2009, 338－339면.

99 애덤 스미스, 박세일·민경국 공역, 『도덕감정론』, 비봉출판사, 2009, 27면.

100 애덤 스미스, 박세일·민경국 공역, 『도덕감정론』, 비봉출판사, 2009, 30면.

101 장－자크 루소, 정성환 역, 『사회계약론』, 홍신문화사, 1993, 30면.

102 장－자크 루소, 주경복·고봉만 공역, 『인간불평등기원론』, 책세상, 2018,

218-219면.

103 이 주제는 꾸준히 연구된다. 최근 연구로는 정세근, 「인성론에서 성선의 의미」, 『동서철학연구』 98, 2020; 김영인, 『맹자와 루소의 인성론 비교연구』, 한국학술정보, 2006 등이 있다.

104 나종석은 유교적 공공성의 모색이 "유교문화에 대한 비판적 재구성은 서구 근대의 길을 상대화시키고, 유교문화=반근대라는 통념으로부터 유교문화를 해방시켜 그것을 새로운 대화의 상대로 만드는 시도"(나종석 외, 『유교적 공공성과 타자』, 혜안, 2014)라고 밝히고 있다.

105 是乃仁術也 見牛未見羊也 君子之於禽獸也 見其生不忍見其死 聞其聲不忍食其肉 是以君子遠庖廚也

106 신영복, 『담론: 신영복의 마지막 강의』, 돌베개, 2015, 107면.

107 신영복, 『담론: 신영복의 마지막 강의』, 돌베개, 2015, 107면.

108 "얼굴 없는 인간관계, 만남이 없는 인간관계란 사실 관계가 없는 것과 다르지 않습니다. 얼마든지 유해 식품이 만들어질 수 있는 구조입니다." 신영복, 『담론: 신영복의 마지막 강의』, 돌베개, 2015, 110면.

109 본 장에서 다루는 맹자, 한비자, 묵자의 통치론에 대하여 손영식, 「맹자, 묵자, 한비자의 국가론과 군주론」, 『대동철학』 90, 2020 참조.

110 배병삼, 「유교의 공과 사」, 『동서사상』 14, 2013, 95-96면

111 김우진, 「유교의 공과 사 개념에 대한 재검토」, 『동아인문학』 31, 2015, 353면.

112 황금중, 「公과 私에 대한 주희의 인식과 공공성 교육」, 『교육사상연구』 26-3, 2012.

113 子曰 君子 周而不比 小人 比而不周

114 君子小人所爲不同 如陰陽晝夜 每每相反 然 究其所以分 則在公私

之際毫釐之差耳

115 고은강, 『선진철학에서 개인주의의 재구성』, 눌민, 2020, 85 - 86면.

116 고은강, 『선진철학에서 개인주의의 재구성』, 눌민, 2020, 87면.

117 고은강, 『선진철학에서 개인주의의 재구성』, 눌민, 2020, 88 - 90면.

118 고은강, 『선진철학에서 개인주의의 재구성』, 눌민, 2020, 93 - 94면.

119 『논어』 「학이(學而)」 "제자는 안에서는 효성스럽고 밖에서는 공손해야 한다(弟子 入則孝 出則弟)."

120 『論語』 「子路」 子貢問曰 何如斯可謂之士矣 子曰 行己有恥 使於四方 不辱君命 可謂士矣 曰 敢問其次 曰 宗族稱孝焉 鄕黨稱弟焉曰 敢問其次 曰 言必信行必果 硜硜然小人哉 抑亦可以爲次矣 曰今之從政者何如 子曰 噫 斗筲之人 何足算也

121 고은강, 『동방학』 43, 2020, 46면

122 엄연석, 「『논어』에서 공동체의 가치와 '신뢰[信]' 개념」, 『철학사상』 15, 2002, 172면.

123 『荀子』 「非相」 凡言不合先王 不順禮義 謂之姦言 雖辯 君子不聽 [...] 凡人莫不好言其所善 而君子爲甚

124 辯을 이 문맥에서는 아래 인용한 다른 문맥과의 일관성을 위해 "좋은 논변"이라 번역하였다. 그러나 訥의 상대어로 쓰일 때는 "달변"으로 번역하였으며 동사로 쓰일 때는 "논변을 전개하다"로 번역하였다. 김학주는 辯을 "이론을 전개한다"라고 번역하였다. 김학주 옮김, 『순자』, 을유문화사, 2003, 136 - 137면 참조.

125 발표한 논문은 코기토 수준의 서술이 아니기에 군자와 군자연을 구별할 필요가 없었다. 부연설명하면, 『순자』의 맥락에서 소인과 구별되는 군자는 스스로 군자라 여기는 코기토인 동시에 성인에 버금가는 행동을 성공

적으로 수행하는 바람직한 인간상이다.

126 『荀子』「非相」君子必辯 凡人莫不好言其所善 而君子爲甚焉 是以小人辯言險而君子辯言仁也 言而非仁之中也 則其言不若其黙也 其辯不若其吶也 言而仁之中也 則好言者上矣 不好言者下也 故仁言大矣

127 『荀子』「非相」君子必辯 小辯不如見端 見端不如見本分 小辯而察 見端而明 本分而理 聖人士君子之分具矣 有小人之辯者 有士君子之辯者 有聖人之辯者

128 이에 해당하는 원문은 다음과 같다. 『荀子』「非相」不先慮 不早謀 發之而當 成文而類 居錯遷徙 應變不窮 是聖人之辯者也 先慮之 早謀之 斯須之言而足聽 文而致實 博而黨正 是士君子之辯者也

129 『荀子』「非相」聽其言則辭辯而無統 用其身則多詐而無功

130 앞서 인용한 『논어』「자로」편에 나오는 "말은 반드시 신뢰가 있고 행동은 반드시 결과가 있는 것(言必信 行必果)"이다.

131 『墨子』「兼愛 下」當使若二士者 言必信 行必果 使言行之合猶合符節也 無言而不行也 然卽敢問 今有平原廣野於此 被甲嬰冑將往戰 死生之權未可識也 又有君大夫之遠使於巴越齊荊 往來及否未可識也 然卽敢問 不識將惡也家室 奉承親戚 提挈妻子 而寄託之 不識於兼之有是乎 於別之有是乎 我以爲當其於此也 天下無愚夫愚婦雖非兼之人 必寄託之於兼之有是也 此言而非兼 擇卽取兼 卽此言行費也 不識天下之士 所以皆聞兼 而非之者 其故何也

132 『墨子』「修身」務言而緩行 雖辯必不聽 多力而伐功 雖勞必不圖 慧者心辯而不繁說 多力而不伐功 此以名譽揚天下 言無務爲多而務爲智 無務爲文而務爲察 此以名譽揚天下 言無務爲多而務爲智 無

務爲文而務爲察 [...] 善無主於心者不留 行莫辯於身者不立 名不可
簡而成也 譽不可巧而立也 君子以身戴行者也

133 조르조 아감벤, 정문영 옮김, 『언어의 성사』, 새물결, 2014, 13면.

134 조르조 아감벤, 정문영 옮김, 『언어의 성사』, 새물결, 2014, 15면.

135 조르조 아감벤, 정문영 옮김, 『언어의 성사』, 새물결, 2014, 19면.

136 조르조 아감벤, 정문영 옮김, 『언어의 성사』, 새물결, 2014, 19면.

137 이러한 아감벤의 주장은 앞서 분석한 엄연석의 관점과 일맥상통한다. 엄
연석에 따르면, "현실적인 여건에서의 적합성"을 담보하기 위해서는 일차
적으로 사회적 제도나 규범에 대한 믿음이 있어야 하며 나아가 "현실적
인 실현가능성·적합성·경제성 등의 시의성"이 중요하다. 이러한 시의성
은 "외적인 상황과 조건에 의존"한다. 따옴표 인용은 엄연석, 「『논어』에서
공동체의 가치와 '신뢰[信]' 개념」, 『철학사상』 15, 2002, 174 – 175면.

138 이 책에서는 생략하였다.

139 다음에 이어지는 내용은 고은강 「상대적 박탈감에 대한 철학적 접근 : 루
소, 순자를 중심으로」, 『인문학연구』 35, 2021의 2장, 3장, 4장이다.

140 Rousseau, Jean-Jacques., "Lettre à C. de Beaumont". *Œuvres
Complètes IV*, Paris: Gallimard, 1969, 935 – 937면.
이하 번역문은 장 – 자크 루소, 김영욱 옮김, 『사회계약론』, 후마니타스,
2018, 186 – 187면에서 재인용.

141 장 – 자크 루소, 김영욱 옮김, 『사회계약론』, 후마니타스, 2018, 186 – 187면.

142 장 – 자크 루소, 김영욱 옮김, 『사회계약론』, 후마니타스, 2018, 186 – 187면.

143 장 – 자크 루소, 김영욱 옮김, 『사회계약론』, 후마니타스, 2018, 186 – 187면.

144 장 – 자크 루소, 김영욱 옮김, 『사회계약론』, 후마니타스, 2018, 186면.

145 장 – 자크 루소, 김영욱 옮김, 『사회계약론』, 후마니타스, 2018, 186 – 187면.

146 장 – 자크 루소, 김영욱 옮김, 『사회계약론』, 후마니타스, 2018, 187면.

147 주경복·고봉만은 "이기심"이라고 번역하였는데, 이 책에서는 용어의 통일을 위해 자기편애로 바꾸었다. 이 책에 인용되는 모든 인용문에서 amour-propre의 번역어는 자기편애로 통일한다.

148 장 – 자크 루소, 주경복·고봉만 옮김, 『인간불평등기원론』, 책세상, 2018, 218 – 219면.

149 장 – 자크 루소, 주경복·고봉만 옮김, 『인간불평등기원론』, 책세상, 2018, 101 – 102면.

150 박혜순은 사회적 혐오가 "상류지향적 사회문화에 필연적으로 발생"한다고 보고, "유가를 포함한 주류 철학 전통은 상류를 지향하는데 반해서 도가는 하류를 지향"하므로 "혐오를 넘어 환대로" 가는 방법을 "차이에 대한 조건 없는 수용과 다름을 긍정"하는 도가철학에서 찾고자 하였다. 루소와 순자가 함께 주목한 사회상태의 불평등과 자연 상태의 평등이라는 관점에서 박혜순의 주장을 재검토하면, 순자를 포함한 유가는 개인 간의 차이에 따른 사회 상태의 불평등을 불가피한 것으로 보고 이로 인한 사회문제를 완화하고자 노력한 반면, 도가는 개인 간의 차이를 있는 그대로 인정하기만 한다면 자연 상태의 평등에 머무를 수 있다고 보았다.(박혜순, 「혐오를 넘어 환대로」, 『인문학연구』 30, 2018.)

151 장 – 자크 루소, 주경복·고봉만 옮김, 『인간불평등기원론』, 책세상, 2018, 102면.

152 장 – 자크 루소, 주경복·고봉만 옮김, 『인간불평등기원론』, 책세상, 2018, 108 – 109면.

153 장 – 자크 루소, 주경복·고봉만 옮김, 『인간불평등기원론』, 책세상, 2018, 123면.

154 김중현은 "이기심"이라고 번역했다.

155 장-자크 루소, 김중현 옮김, 『에밀』, 한길사, 2013, 161-162면.

156 장-자크 루소, 김중현 옮김, 『에밀』, 한길사, 2013, 382면.

157 반면, 자기애(amour de soi)는 비상대적(non-relative) 혹은 절대적(absolute) 이라고 설명한다.

158 Neuhouser, Frederick., *Rousseau's Theodicy of Self-Love*, Oxford University Press, 2008, 32-33.

159 예컨대 이용철, 「루소 : 자기애와 그 확장」, 『프랑스문화예술연구』 72, 2020.

160 이러한 연구 경향에 대해 김주휘, 「루소의 자존심amour-propre에 대한 새로운 해석들 – 덴트와 롤즈, 그리고 노이하우저」, 『철학연구』 156, 2020 참조

161 『荀子』「修身」夫驥一日而千里駑馬十駕則亦及之矣 將以窮無窮, 逐無極與 其折骨絶筋終身不可以相及也, 將有所止之 則千里雖遠亦或遲或速或先或後 胡爲乎其不可以相及也 [...] 故蹞步而不休 跛鼈千里 [...] 一進一退一左一右 六驥不致 彼人之才性之相縣也 豈若跛鼈之與六驥足哉 然而跛鼈致之 六驥不致是無他故焉, 或爲之或不爲爾

162 『荀子』「富國」天下害生縱欲 欲惡同物 欲多而物寡 寡則必爭矣

163 심리적 차원은 코기토, 실천적 차원은 코기토의 외부에 해당한다.

164 『荀子』「仲尼」援賢博施 除怨而無妨害人

165 『荀子』「仲尼」愚者反是 處重擅權 則好專事而妒賢能 抑有功而擠有罪 志驕盈而輕舊怨 以吝嗇而不行施 道乎上爲重招權於下以妨害人 雖欲無危, 得乎哉

166 『荀子』「不苟」君子能亦好 不能亦好 小人能亦醜 不能亦醜 君子能
則寬容易直以開道人 不能則恭敬繟絀以畏事人 小人能則倨傲僻違
以驕溢人 不能則妬嫉怨誹以傾覆人

167 이승환, 「동아시아철학 전통에서 관계 윤리로서 義에 관하여」, 『유가사상
의 사회철학적 재조명』, 고려대학교 출판부, 1998, 145 – 147.

168 물과 불은 氣는 있지만 생명이 없고 풀과 나무는 생명은 있으나 지각이
없고 새와 짐승은 지각은 있으나 義가 없다. 사람은 氣도 있고 생명도 있
고 지각도 있고 義도 있다. 그런 까닭에 천하에 가장 귀하다고 하는 것이
다. 힘은 소보다 못하고 달리기는 말보다 못한데 소와 말이 사람에게 이
용당하는 까닭은 무엇인가? 사람들은 무리 지어 살 수 있으나 소나 말은
무리 지어 살 수 없기 때문이다. 사람은 무엇으로써 무리 지어 살 수 있
는가? 나눔(分)이다. 나눔은 무엇으로써 행해질 수 있는가? 義이다. 義로
서 사람들을 나누면 화합하고 화합하면 하나가 되고 하나가 되면 힘이
많아지고 힘이 많으면 강해지고 강하면 만물을 이긴다. 그러므로 사람들
은 집을 짓고 살 수 있다. 사철의 질서에 따라 만물을 재배하여 천하를
함께 이롭게 하는 것은 다름 아닌 나눔과 義를 행할 수 있기 때문이다.
『荀子』「王制」水火有氣而無生 草木有生而無知, 禽獸有知而無義
人有氣有生有知亦且有義 故最爲天下貴也 力不若牛 走不若馬 而
牛馬爲用 何也 曰人能羣,彼不能羣也 人何以能羣 曰分 分何以能行
曰義 故義以分則和,和則一 一則多力 多力則彊 彊則勝物 故宮室可
得而居也 故序四時 裁萬物 兼利天下 無它故焉 得之分義也

169 『荀子』「富國」故百技所成,所以養一人也 而能不能兼技 人不能兼
官,離居不相待則窮 羣而無分則爭 窮者患也 爭者禍也 救患除禍
則莫若明分使羣矣

170 『荀子』「王制」分均則不偏 埶齊則不壹 衆齊則不使 有天有地而上
下有差 明王始立而處國有制 夫兩貴之不能相事兩賤之不能相使
是天數也 埶位齊而欲惡同 物不能澹 則必爭 爭則必亂 亂則窮矣
先王惡其亂也 故制禮義以分之 使有貧富貴賤之等足以相兼臨者
是養天下之本也 書曰 維齊非齊 此之謂也

171 성인이 만들었음을 강조하며 신분질서를 합리화하는 지점에서『순자』의
禮는 불간섭의 자유를 포용하기는 어렵다는 점을 시사한다. 개인의 자
기애, 자기애로부터 촉발되는 자기보존의 본능을 인간의 본성으로 인정
하는『순자』의 맥락에서 禮가 보장하는 개인의 자유는 비지배의 자유에
가깝다.

172 『荀子』「榮辱」凡人有所一同 飢而欲食 寒而欲煖 勞而欲息 好利而
惡害 是人之所生而有也 是無待而然者也 是禹桀之所同也

173 『荀子』「榮辱」材性知能 君子小人一也 好榮惡辱 好利惡害 是君子
小人之所同也 若其所以求之之道則異矣

174 『荀子』「禮論」禮起於何也 曰人生而有欲 欲而不得 則不能無求 求
而無度量分界 則不能不爭 爭則亂 亂則窮 先王惡其亂也 故制禮義
以分之 以養人之欲

175 『荀子』「禮論」凡禮 始乎梲 成乎文

176 장-자크 루소, 주경복·고봉만 옮김,『인간불평등기원론』, 책세상, 2018,
80-84면.

177 장-자크 루소, 주경복·고봉만 옮김,『인간불평등기원론』, 책세상, 2018,
89면.

178 장-자크 루소, 주경복·고봉만 옮김,『인간불평등기원론』, 책세상, 2018,
89면.

179 이사야 벌린, 박동천 옮김,『자유론』, 아카넷, 2014, 369 – 370면.

180 스탕달, 원윤수·임미경 옮김,『파르마의 수도원 2』, 민음사, 2018, 22면.

181 이탈로 칼비노, 이현경 옮김,『보이지 않는 도시들』, 민음사, 2022, 208면.

고은강

서울대학교 인류학과를 졸업하고 동 대학원 석사와 성균관대학교 유학과 석사 학위를 받았다. 태동고전연구소를 수료하고 영국 옥스포드대학교 사회문화인류학 석사와 홍콩대학교 철학과 박사 학위(동양철학)를 받았다. 현재 서울과학기술대학교 기초교육학부 부교수로 재직 중이다. 주요 논문으로 「『列子』에서 꿈과 환상에 관한 소고」(2017), 「禮와 비지배의 자유에 관한 일고찰」(2014) 등이 있고, 저서로 『선진철학에서 개인주의의 재구성』(2020), 『결코 근대인이었던 적이 없는 동아시아인』(2013)이 있다.

나와 내 밖의 세계
동아시아 철학에서 의사소통에 관한 연구

1판 1쇄 찍음   2023년 12월 15일
1판 1쇄 펴냄   2023년 12월 22일

지은이   고은강
펴낸이   정성원 · 심민규
펴낸곳   도서출판 눌민

출판등록   2023.2.28. 제2022-000035호
주소   서울시 강북구 인수봉로37길 12, A-301호 (01095)
전화   (02) 332-2486
팩스   (02) 332-2487
이메일   nulminbooks@gmail.com
인스타그램 · 페이스북 nulminbooks

Printed in Seoul, Korea

ISBN   979-11-87750-72-7 93100